150 años del *Calendario del Ermitaño*

Hasta aquí hemos llegado... ¡y seguimos!

Llegar al número 150 de una publicación anual editada de forma ininterrumpida nos llena de satisfacción a quienes hemos tomado las riendas de asumir esta labor editorial. Cabe decir que, si hemos llegado hasta aquí, ha sido posible, principalmente, gracias a todas aquellas personas que siguen el *Calendario del Ermitaño* año tras año y que se han ido renovando a través de varias generaciones, ya desde sus tatarabuelos. Porque a lo largo de sus 150 años, el calendario se ha editado sin ningún apoyo público institucional, un apoyo que hoy en día se cierne por encima de cualquier proyecto cultural. Sí que hay que señalar que este año el Departamento de Cultura de la Generalitat se ha sumado a la efeméride extraordinaria del 150 aniversario, participando en una celebración que pretende afianzar la pervivencia de la publicación durante unas cuantas décadas más. También se han sumado varias empresas de nuestro país, algunas ya colaboradoras habituales, pero que este año lo han hecho con un interés especial que valoramos y agradecemos muy sinceramente.

Por lo tanto, queremos repartir agradecimientos de forma generosa. En primer lugar, a nuestros fieles lectores que cada año confían en el calendario y a los que lo han convertido en un regalo de Navidad para compartir con familia y amigos. Después, a los campesinos, que lo tienen como guía para conocer el tiempo de siembras y plantaciones; a los arrieros y comerciantes, que lo utilizan en su recorrido por mercados y ferias en donde ofrecen sus productos, y también a todos aquellos que lo utilizan para seguir y disfrutar de las fiestas mayores y así sentirse vivos. Igualmente, queremos agradecer a todas aquellas personas que han colaborado con su pluma escribiendo artículos, crónicas o curiosidades para dejar constancia de la cultura y las tradiciones que nos identifican como pueblo. A los astrónomos y sesudos de la ciencia, que han querido medir el tiempo con rigor. A los distribuidores, libreros, quiosqueros, ilustradores y diseñadores, impresores, correctores, periodistas y tantas y tantas personas que no querríamos olvidar.

También queremos reconocer, referenciándolos conjuntamente por primera vez, a la cadena de editores antecesores que han hecho posible el *Calendario del Ermitaño* durante los últimos 150 años: desde su fundador, Antoni Maria Morera i Colom (que lo editó de 1876 a 1893), a Joan Baptista Morera i Bargalló, hijo del anterior (de 1893 a 1921); Joan Baptista Morera i Traval, hijo del anterior (de 1921 a 1943); Teresa Morera i Traval, hermana del anterior (de 1943 a 1979); Roser Tomàs i Morera, sobrina de la anterior (de 1979 a 2002), y Estanislau Tomàs i Morera, hermano de la anterior (de 2002 a 2014).

En un mundo de globalización, fusiones, lobbies empresariales y tecnología punta, ¿tiene sentido una humilde publicación como la que tenéis en vuestras manos? Pues parece que sí. Un comentario que nos hizo Tomàs Molina, el conocido meteorólogo de TV3, fue muy revelador: "para saber cuándo sale y se pone el sol cada día, me es más fácil y rápido consultarlo en el *Calendario del Ermitaño* que tengo encima de la mesa de trabajo ¡que entrar a buscarlo en Google!"

Si las nuevas generaciones entienden que el *Calendario del Ermitaño* les une a la historia y sabiduría de sus antepasados y si los editores sabemos seguir actualizando las informaciones y los datos útiles, tendremos calendario para muchos más años. Y es que la Tierra, de momento, no se detiene; la Luna sigue sonriéndonos cada noche y el Sol se encarga de arrastrarnos por el Universo; eso sí, ¡cada día con puntualidad astronómica!

Ahora, en este número extraordinario, os invitamos a conocer un poco la historia del *Calendario del Ermitaño* y quién fue su creador que, por cierto, ya se había estrenado como editor con otro calendario justo hace 170 años. Acompañaremos el relato con una evocación histórica y cultural de la Catalunya de hace 150 años atrás. Asimismo, junto a las informaciones y secciones habituales, también encontraréis una serie de artículos que nos han brindado excelentes colaboradores para acompañarnos en esta edición tan especial que deseamos que disfrutéis.

Queremos finalizar deseando un feliz año 2025 para todos y ¡que podáis seguir leyendo el *Calendario del Ermitaño* muchos años más!

Edita
Edicions Morera, SL
Travessera de Dalt, 12
08024 Barcelona
publicacio@calendariermita.cat
www.calendariermita.cat
www.edicionsmorera.com

© 2024 EDICIONS MORERA, SL.

Con la colaboración de:

Generalitat de Catalunya
Departament
de Cultura

Consejo editorial:
Amadeu Carbó, Jordi Cubillos, Pep Fornés, Marta Ibañez, Núria Salán, fray Valentí Serra de Manresa, Estanislau Tomàs y Norbert Tomàs.

Textos y contenidos:
Víctor Baroja, Laia Camprubí, Amadeu Carbó, Xavier Cordomí, Lola Escudero, Tomàs Molina, Jaume Nolla, Víctor Pàmies, Beatriz Rodríguez, Estanislau Tomàs i Morera, fray Valentí Serra de Manresa, Norbert Tomàs y el señor Marcel·lí Virgili.

Agradecimientos:
Lluís Baulenas, Albert Domènech, Víctor de Ory Guimerá (astrónomo del ROA), Àngel Portet (Licores Portet), Josep Preseguer, Josep M. Roig (Asociación de Establecimientos Emblemáticos), Antoni Serés, Archivo Histórico de la Ciudad de Barcelona, Centro Excursionista de Catalunya y Provincia de Religiosos Capuchinos de Catalunya.

Ilustraciones: Lola Anglada, Rafael Areñas, Tomàs Argemí, Joan G. Junceda, Lluís Mallol, Manuel Moliné, Joan Moll, Xavier Nogués, Pacià Ross, Norbert Tomàs, Archivo del Centro Excursionista de Catalunya, Archivo Edicions Morera, Archivo Histórico de la Ciudad de Barcelona, Instituto Cartográfico y Geológico de Catalunya, iStock.

Portada: Grabado de Celestí Sadurní (1876)

Diseño y maquetación:
Xavi Malet (Sabilana), Lola Escudero y Rutlla Gràfica

Corrección: Anna Balaguer

Comunicación: Francesc Buxeda
francesc@sorolldefons.com

Imprime: CeGe. Barcelona

Distribuye: SGEL SLU (Prensa) y LES PUNXES DISTRIBUCIONS

ISBN: 978-84-127985-3-1
Depósito legal: B. 22300-2018

170 años de calendarios
15O
CALENDARIO EL ERMITAÑO

Contenidos

Versión audio

Los artículos con este símbolo se pueden escuchar en la versión audio con la voz de sus autores. Se puede acceder escaneando este código QR.

En las páginas centrales
Calendario 2025 a color + Reproducción de dos antiguas felicitaciones de Navidad coleccionables

DATOS ASTRONÓMICOS, CRONÓLOGICOS Y RELIGIOSOS PARA EL AÑO

2025

Año 150 de su publicación

POSICIÓN GEOGRÁFICA DE BARCELONA
LATITUD: 41° 23' Norte – LONGITUD: 0 h 8 min 44 s al Este de Greenwich
Coordenadas GPS del el·lipsoide mundial (España ETRS89): 41° 23' N y 2° 11' E

CRONOLOGÍA Y ÉPOCAS CÉLEBRES

Este año MMXXV es el:

2025 de la era cristiana
6738 del periodo juliano
5786 del calendario hebreo, que comienza el 23 de septiembre*
4723 del calendario chino, que comienza el 29 de enero (año de la Serpiente)
2800 de las primeras olimpiadas
2778 de la fundación de Roma según Varrón
2771 de la era de Nabonasar
2063 de la era hispánica (o era de César)
1985 de la venida de la Virgen María a Zaragoza
1447 del calendario islámico, que comienza el 27 de junio coincidiendo con la Hégira* (huida de Mahoma de la Meca a Medina)
1145 del descubrimiento de la imagen de la Virgen de Montserrat
807 de la fundación, en Barcelona, de la orden de la Merced
443 de la corrección gregoriana del calendario
47 de la restauración de la Generalitat de Catalunya
32 del Tratado de la Unión Europea
12 del pontificado del papa Francisco

* Empieza en el ocaso del día anterior

CÓMPUTO ECLESIÁSTICO

Número áureo **12** – Epacta ***** – Ciclo solar **18** – Indicción romana **3** – Letra dominical **E** – Letra del martirologio **P**.

FIESTAS MÓVILES

Miércoles de Ceniza – **5 de marzo**
Domingo de Ramos – **13 de abril**
Pascua de Resurrección – **20 de abril**
Ascensión del Señor – **29 de mayo**
Pascua de Pentecostés – **8 de junio**
Corpus Christi – **22 de junio**
El Sagrado Corazón de Jesús – **27 de junio**
Primer domingo de Adviento – **30 de noviembre**

FESTIVIDADES DEL AÑO

Año Nuevo – **1 de enero** (miér.)*✠
Epifanía del Señor – **6 de enero** (lun.)*✠
Carnaval – **2 de marzo** (dom.)
Semana Santa – **del 13 al 20 de abril**
Viernes Santo – **18 de abril** *
Lunes de Pascua – **21 de abril** *
San Jorge – **23 de abril** (miér.)
Nuestra Señora de Montserrat – **27 de abril** (dom.)
Día del Trabajo – **1 de mayo** (juev.) *
San Anastasio (Lleida*✠) – **11 de mayo** (dom.)
Pascua Granada (festivo local) – **9 de junio** (lun.)
San Juan – **24 de junio** (mar.)*✠
Asunción de la Virgen – **15 de agosto** (vier.)*✠
Diada Nacional de Cataluña – **11 de sept.** (juev.) *
Santa Tecla (Tarragona*✠) – **23 de sept.** (mar.)
Ntra. Sra. de la Merced (Barcelona*✠) – **24 sept.** (miér.)
Nuestra Señora del Pilar. Fiesta Nacional de España – **12 de octubre** (dom.) *
San Narciso (Girona ✠) – **29 de octubre** (miér.)
Todos los Santos – **1 de noviembre** (sáb.) *
Día de la Constitución – **6 de diciembre** (sáb.) *
Inmaculada Concepción – **8 de diciembre** (lun.)*✠
Navidad – **25 de diciembre** (juev.)*✠
San Esteban – **26 de diciembre** (vier.) *

— Todos los domingos y las fechas señaladas en el calendario con una ✠ son fiestas de precepto.

* Días festivos

VISIBILIDAD DE LOS PLANETAS

Venus. A principios de enero veremos Venus unas tres horas y media como *lucero de la tarde*. El día 16 de febrero tendrá su máximo brillo y entonces su visibilidad irá disminuyendo hasta que, a mediados de marzo, se verá una hora y media antes del crepúsculo vespertino. Entonces lo empezaremos a ver también a la salida del Sol como *lucero del alba*. Su visibilidad irá aumentando, adquiriendo su máximo brillo el 24 de abril. La segunda quincena de julio alcanzará su máxima visibilidad (desde las 4 de la madrugada hasta la salida del Sol) y esta irá disminuyendo progresivamente hasta desaparecer el último día del año.

Marte. Al empezar el año, veremos Marte a partir de una hora después de la puesta del Sol y durante toda la noche y, desde mediados de enero, de la puesta hasta la salida del Sol. A partir de entonces, Marte se pondrá cada noche progresivamente más pronto hasta que, a mediados de agosto, dejaremos de verlo al final del crepúsculo vespertino. El planeta irá desapareciendo hasta que a finales de año ya no se verá.

Júpiter. A principios de enero veremos Júpiter toda la noche hasta desaparecer dos horas antes de la salida del Sol. Cada día se irá poniendo progresivamente más pronto, una hora y media cada mes, hasta que a finales de junio dejaremos de verlo en la puesta del Sol y lo veremos salir de madrugada. Su visibilidad irá aumentando una hora y media cada mes hasta que, a finales de año, lo veremos salir poco después de la puesta del Sol y durante toda la noche.

Saturno. Al empezar el año, Saturno será visible desde la puesta del Sol y se pondrá a partir de las once de la noche. Cada día se pondrá más pronto hasta que, a partir de mediados de marzo, lo veremos al amanecer. Entonces, cada día se verá más pronto, de forma regular, una hora más cada mes, hasta que a mediados de septiembre lo veremos durante toda la noche. A partir de entonces, empezará a ponerse cada día antes, de forma regular, hasta que a finales de año lo veremos ponerse sobre las doce de la noche.

ECLIPSES

14 de marzo. ECLIPSE TOTAL DE LUNA. Será **visible en Cataluña** y la Península. Será visible en el Pacífico, América, W de Europa y W de África. Las circunstancias del eclipse en Barcelona serán las siguientes:
- Inicio del eclipse de la penumbra: 4 h 57 min
- Inicio del eclipse: 6 h 9 min en la altura de 10,3°
- Máxima ocultación: 7 h 6 min
- El eclipse dejará de verse en Barcelona a las 7 h 9 min, ya que a partir de esta hora la Luna se hallará por debajo del horizonte. En dicha hora estará eclipsada un 78%.

29 de marzo. ECLIPSE PARCIAL DE SOL. Será **visible en Cataluña** y en la Península. Será visible al NW de África, Europa, N de Rúsia, Groenlandia y E de Canadá y EEUU. Las circunstancias del eclipse en Barcelona serán las siguientes:
- Inicio del eclipse parcial: 11 h 2 min

- Máxima ocultación: 11 h 49 min con una ocultación del 0,24%
- Fin del eclipse: 12 h 36 min

7 de septiembre. ECLIPSE TOTAL DE LUNA. Será **visible en Cataluña** y la Península, Europa, África, Asia, Australia y Antártida. Las circunstancias del eclipse en Barcelona serán:
- Inicio de la fase de penumbra: 17 h 28 min (no será visible por estar por debajo del horizonte)
- Máximo del eclipse: 20 h 11 min (no será visible por estar por debajo del horizonte)
- Salida de la Luna: 20 h 12 min
- Máximo de la Luna: 20 h 16 min
- Fin del eclipse total: 20 h 52 min
- Fin del eclipse parcial: 21 h 56 min

21 de septiembre. ECLIPSE PARCIAL DE SOL. No será visible en Cataluña. Será visible en el Pacífico Sur, Nueva Zelanda y en la Antártida.

CURIOSIDADES ASTRONÓMICAS

Desaparecen los anillos de Saturno
En 2025 Saturno se inclinará hacia la Tierra y el plano de sus anillos será perpendicular a nuestra posición, lo que provocará que, temporalmente, los icónicos anillos del planeta dejen de ser visibles. La última vez que se produjo este fenómeno fue en 2009. En 2032 los anillos volverán a tener el punto máximo de visibilidad desde la Tierra.

¿De qué están hechas las estrellas?
Hace cien años, en 1925, la astrónoma y astrofísica angloamericana Cecilia Payne-Gaposchkin (1900-1979) descubrió la composición de las estrellas, que en su mayor parte están formadas por hidrógeno y helio.

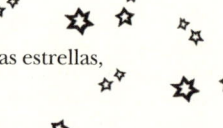

CAMBIO DE HORARIO
30 de marzo: avanzar el reloj una hora, en la madrugada, de las 2:00 h a las 3:00 h
26 de octubre: atrasar el reloj una hora, en la madrugada, de las 3:00 h a las 2:00 h

INICIO DE LAS ESTACIONES
Primavera: 20 de marzo, a las 10 h 1 min
Verano: 21 de junio, a las 4 h 42 min
Otoño: 22 de septiembre, a las 20 h 19 min
Invierno: 21 de diciembre, a las 16 h 3 min

* Las horas indicadas en el Calendario se han adaptado al horario oficial considerando el adelanto respecto al Tiempo Universal (UTC).

LOS SECRETOS DEL CALENDARIO

Seguimos explicando algunos de los datos astronómicos y cronológicos que siempre se han utilizado para la confección de los calendarios. Este año descubriremos qué es el ciclo solar y la letra dominical, y porqué el año de la fundación de Roma fue una referencia cronológica.

La letra dominical y el ciclo solar
La letra dominical es una letra índice que en el calendario señala los domingos. Las letras dominicales son las siete primeras del alfabeto y se asignan de acuerdo con el siguiente patrón: la A corresponde siempre al 1 de enero, la B al 2, la C al 3 y así hasta la G, que corresponde al 7 de enero. Posteriormente, la secuencia se repite en el mismo orden y consecutivamente para todos los días del año hasta el último de diciembre (a los años bisiestos se les atribuyen dos letras consecutivas). El ciclo solar es un ciclo que tiene el Sol respecto a la Tierra el cual se repite cada 28 años. Pasado un ciclo de 28 años, las letras dominicales vuelven a ocupar el mismo sitio en el calendario.

Año de la fundación de Roma
Según el gran erudito Marco Terencio Varrón (116-27 a. C.), la ciudad de Roma fue fundada en el año 753 a. C. Varrón —que fue nombrado por Julio César como el primer director de las bibliotecas públicas de Roma —, tras estudiar la mezcla de leyendas griegas y romanas sobre el origen de la ciudad, estableció este como el año 1 de los romanos. La fecha se convirtió en una referencia en la cronología antigua y es un dato que se ha consignado siempre en las ediciones de calendarios, dada su utilidad para interpretar textos históricos del imperio romano.

150 años del *Calendario del Ermitaño*
170 años editando calendarios

El fundador del *Calendario del Ermitaño*
Antoni Maria Morera i Colom

A la hora de hacer la crónica de los 150 años de historia del *Calendario del Ermitaño* debemos referirnos a la persona que lo ideó, Antoni Maria Morera, de quien últimamente hemos descubierto nuevas e inéditas informaciones que nos ayudan a entender mejor quién fue y qué lo motivó a crear la publicación que tenéis en las manos. Veremos que, aunque profesionalmente no era editor, a lo largo de su vida escribió y publicó varios libros y calendarios.

¿Quién era Antoni Maria Morera?

Antes de empezar cabe decir que, tanto su personalidad como el momento histórico que le tocó vivir, convirtieron a Antoni Maria Morera en un personaje destacado en diversos ámbitos. Procedía de una familia rural y menestral, de abuelos campesinos y padre alpargatero. En un contexto de altísimo analfabetismo, supo aprovechar la oportunidad de poder estudiar y prosperó siguiendo el esquema clásico de sacar beneficio dentro del proceso de industrialización en el que estaba inmerso el país en el último tercio del siglo XIX. Su formación en temas mercantiles y el hecho de emigrar a Barcelona lo llevaron a hacer negocios y a relacionarse con el mundo del incipiente capitalismo. Ahora bien, la posición económica y social que consiguió no estuvo exenta de grandes esfuerzos y riesgos económicos, que le obligaron a vender e hipotecar en varias ocasiones sus propiedades, incluyendo la conocida casa y la capilla del barrio de la Salut.

Vista de la capilla de la Virgen de la Salut, construida por Antoni M. Morera, cuando todavía tenía anexada la casa-torre. Fue esta capilla la que dio nombre al actual barrio de la Salut de Barcelona.

160 años de la capilla de la Virgen de la Salut (1865)

LA FUNDACIÓN DEL BARRIO DE LA SALUT EN GRÀCIA

Quizás la obra más destacada de Antoni Maria Morera que todavía hoy se recuerda sea la de haber fundado el barrio de la Salut de Barcelona. Fue hacia 1860 cuando compró terrenos en la entonces rural Vila de Gràcia, intuyendo que la zona iba a crecer. En 1865 construyó su casa-torre y, adosada, una capilla dedicada a la Virgen de la Salut, que se convirtió en oratorio público y a la que los vecinos de la zona le dedicaron mucha devoción.

Vendida en 1869 al empresario Josep Casasa, la finca fue recuperada unos años más tarde por el hijo del fundador, Joan Baptista Morera. Actualmente y después de diversas afectaciones urbanísticas, solo queda en pie la capilla, recientemente restaurada y pendiente de reabrirse al público.

Primeros años en Tàrrega

Antoni Maria Morera Colom (1819-1893) nació en Lleida. En 1824, junto a su padre (de Bell-lloc d'Urgell), su madre (de Balaguer) y su hermano Josep (que tenía 2 años), se trasladó a Tàrrega, donde nacieron sus dos hermanas, Francisca y Maria, y otro hermano, Ramon. El padre, que había sido veredor (quien llevaba una vereda u orden de una autoridad de un sitio a otro) y *mosso* de escuadra, ejercía de alpargatero junto con su hijo Josep y un ayudante. En 1840, con veinte años, ya trabaja como escribiente en Tàrrega, que en ese momento era uno de los principales núcleos comerciales de Lleida y el lugar de procedencia de destacados empresarios, como los banqueros Girona, con los que más adelante Morera se relacionaría.

Traslado a Barcelona

En 1847, seguramente después de contraer matrimonio con Manuela Bargalló, barcelonesa, Antoni M. Morera se trasladó a vivir a la capital, a un piso de la calle de la Mercè. Después, también llegaría su hermano Josep, quien se instaló en la humilde calle de la Cera y trabajó como carpintero.

En Barcelona, Morera comienza ejerciendo como maestro de Primera Enseñanza y también imparte estudios mercantiles. En 1850 es el director del centro Escritorio Práctico Mercantil, situado en la calle Bellafila, y en 1885 dirige las clases de mercantil en la Asociación del

Instituto de Fomento del Trabajo, en la calle del Pi. Más tarde, traslada las clases de contabilidad –que eran muy valoradas por su carácter práctico– a la plaza de Santa Anna (ahora Portal del Àngel).

Título académico de agrimensor

En junio de 1851, con 32 años, Morera supera el examen de agrimensor en el Gobierno de la Provincia de Barcelona. La agrimensura es la tarea de medir el territorio para acotar, parcelar o establecer los límites de las propiedades territoriales y el control de las construcciones. Este trabajo lo seguirá manteniendo cercano al mundo rural y sus gentes.

Inventor de una máquina de calcular

Antoni Maria Morera formó parte de un pequeño grupo de inventores de la época que, en el campo de la tecnología, aportaron inventos como un sumador, una máquina de cálculo o, en su caso, un contador mecánico que calculaba, sin error, los porcentajes para las contribuciones. Esta máquina la presentó en Madrid en 1868 y prensa de todo el país se hizo eco de ello.

"Contador Mercantil de los Tribunales del Reino". Su crítica del estado financiero de España

Antoni Maria Morera ejerció como revisor de libros y perito liquidador de los Tribunales de Comercio de Barcelona, un cargo de relevancia. En los años posteriores a la Revolución Gloriosa de septiembre de 1868, durante el gobierno de cariz liberal y progresista del Sexenio Democrático (1868-1874), publicó el informe económico "La Hacienda española ante la revolución de septiembre" (1870). En este documento, Morera dejaba constancia de la catastrófica situación financiera del Estado, endeudado a causa de grandes préstamos recibidos, y lo hacía contradiciendo al por entonces ministro de Hacienda, Laureano Figuerola. El informe de Morera tuvo bastante eco y fue comentado en diversos periódicos.

Accionista de una naviera transatlántica

En 1881, Morera ayuda a su hijo, Joan Baptista Morera i Bargalló, dedicado a los negocios navieros y armador de la corbeta Pedro Plandolit, a constituir una sociedad propia: la "Morera y Cía". Junto con las aportaciones de otros socios, compró tres vapores ingleses que acondicionó para carga y pasaje con el fin de realizar viajes regulares a América. Estamos en plena Fiebre del Oro y de pujanza de las navieras catalanas antes de la llegada de la gran crisis de la guerra de Cuba y la pérdida de las colonias. La compañía tuvo que disolverse en el año 1891.

Socio de entidades y apoyo a causas

A lo largo de los años, Antoni M. Morera se implicó en diversas entidades e iniciativas ciudadanas, tales como la campaña de apoyo a Víctor Balaguer (1881) o la suscripción popular para financiar un monumento funerario al obispo Josep M. de Urquinaona (1883). En 1851 fue miembro fundador de la asociación Círculo de Dependientes del Comercio; y en 1877 apoyó y colaboró en la Exposición de Artes Suntuarias organizada por el Ayuntamiento de Barcelona.

Morera también fue miembro de dos destacadas instituciones: en 1878 se incorporó a la Asociación Artístico Arqueológica Barcelonesa, integrada por personalidades de la cultura, el arte y la sociedad. Dos años antes, en 1876, entró a formar parte de la Sociedad Económica Barcelonesa de Amigos del País, de la que pronto también hará socio a su hijo, Joan Baptista Morera. Cabe decir que en aquellos años se estudiaba la reforma del puerto de Barcelona, un proyecto que debía mejorar el comercio internacional con Cuba, Puerto Rico y Filipinas. Los Morera tenían intereses comerciales por la naviera que fundaron y la pertenencia a esta sociedad les permitiría relacionarse con personalidades como el naviero Nonito Plandolit, los políticos Francesc Rius i Taulet y Domènec Joan Sanllehy, el industrial y mecenas Eusebi Güell, los hermanos Sert, empresarios textiles, el orfebre Josep Masriera o Josep M. Cornet, director de la Maquinista Terrestre y Marítima, entre otros prohombres de la industria, la empresa y la cultura.

170 años haciendo calendarios
El Calendario del Ermitaño
El calendario más longevo de los editados por Antoni M. Morera

La formación, el trabajo y las aficiones culturales de Antoni M. Morera lo llevaron a escribir y editar varias obras de temática mercantil y científica. Tenía conocimientos sólidos de cronología y astronomía, si bien con algunas ideas retrógradas en algunos aspectos ante el intento de conjuntar su fe cristiana con el conocimiento científico. Algunas de sus obras son el *Nuevo sistema planetario*, *Contador universal de intereses* o el *Mapa de las costas marítimas de España y Marruecos con motivo de la guerra entre ambos países*.

En 1856, cuando el Gobierno decretó la libre publicación de calendarios, editó el *Calendario Histórico, Universal y Perpetuo*, que más que un calendario era un pequeño tratado que enseñaba como hacerlos. Se anunciaba que se vendía en librerías de todas las provincias de España y también en territorios de ultramar: Canarias, Cuba, Haití, México, Perú, Puerto Rico, Uruguay, Venezuela y Chile.

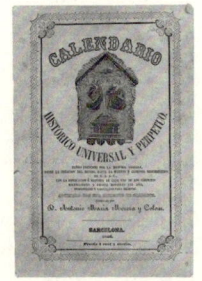

Diez años después, en 1866, publica el *Calendario Industrial y Mercantil para 1867*, un cartón impreso a dos caras que contenía los días para el cálculo de los intereses y muchos datos útiles para los escribientes de comercio. Otros calendarios que publicó son el *Calendario Religioso, Industrial y Mercantil para 15 años*, y un calendario en forma de mapa de grandes dimensiones, todos ellos con gran aceptación.

Un calendario para los pueblos de Cataluña
Será en 1876 cuando empiece a publicar, bajo el seudónimo de "Fray Ramón Ermitaño de los Pirineos", el calendario que hoy conocemos como *Calendario del Ermitaño*. Por su procedencia de familia de campesinos y el trabajo de agrimensor, conocía bien el mundo rural, lo que lo motivó a hacer un calendario "para todos los pueblos de Cataluña" que se distinguiera de los demás por la fiabilidad de las informaciones, sobre todo las astronómicas. La publicación tuvo gran éxito y antes de terminar el siglo XIX ya se vendían más de 50.000 ejemplares anuales.

Calendario del Ermitaño 1876-2025

La pervivencia de un calendario ochocentista

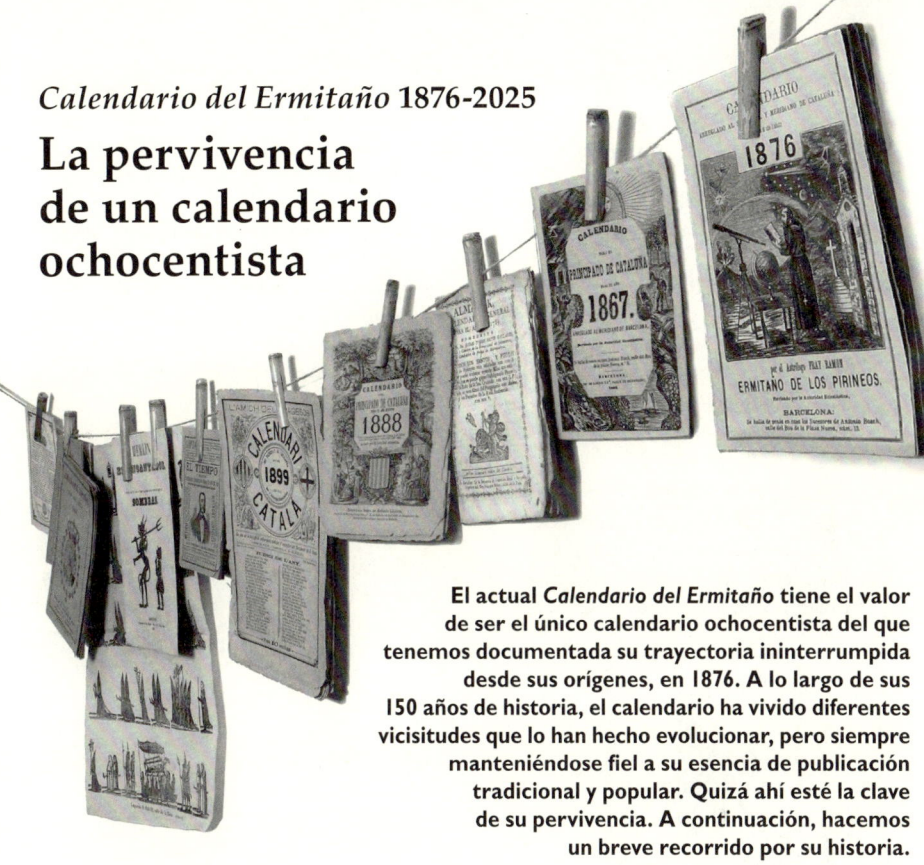

El actual *Calendario del Ermitaño* tiene el valor de ser el único calendario ochocentista del que tenemos documentada su trayectoria ininterrumpida desde sus orígenes, en 1876. A lo largo de sus 150 años de historia, el calendario ha vivido diferentes vicisitudes que lo han hecho evolucionar, pero siempre manteniéndose fiel a su esencia de publicación tradicional y popular. Quizá ahí esté la clave de su pervivencia. A continuación, hacemos un breve recorrido por su historia.

El *Calendario Ermitaño de los Pirineos* se publica por primera vez en 1876 de la mano de Antoni Maria Morera que, como ya hemos visto, era un hombre instruido y emprendedor que supo aprovechar el momento álgido de libertad de prensa e imprenta que se vivía por aquel entonces para editar algunos libros y calendarios. En el caso del *Calendario del Ermitaño*, la intención era hacer una publicación "para todos los pueblos de Cataluña", que se distinguiera de sus competidores por ofrecer una información fiable, con datos rigurosos en los que el lector pudiera confiar, especialmente la gente del campo, a la que iba destinado mayoritariamente.

En línea con la gran diversidad de calendarios y almanaques que se editaban en aquel momento, el *Calendario Ermitaño de los Pirineos* es un ejemplo bien representativo del clásico calendario ochocentista, tanto por sus contenidos como por su formato sencillo y precio popular. Los datos astronómicos y religiosos, los pronósticos meteorológicos y el santoral eran la información común a todos ellos que, en el caso del *Ermitaño de los Pirineos*, se verá complementada con una relación de fiestas mayores, ferias y mercados, al principio modesta –en aquel momento incluía muchas poblaciones de la franja de Ponent–, pero que con el tiempo irá creciendo y se convertirá en un referente.

El calendario también presentaba otros contenidos que le daban una personalidad propia. Se trata de escritos de temática astronómica, "literaria" y de remedios como el "Repertorio de remedios contra los males más comunes de la vida", una amplia recopilación de remedios naturales –algunos de

11

LITERATURA DE CAÑA Y CORDEL

El *Calendario del Ermitaño* forma parte de la conocida como *literatura de caña y cordel*, un género editorial que, además de los calendarios, incluye las hojas de fila, aucas, gozos, vidas de santos, romances, cuentos, argumentos cómicos, episodios históricos o de actualidad, etc. Perduraron hasta bien entrado el siglo XX.

El término *caña y cordel* se refiere al modo cómo se hacía la venta de estas publicaciones en las paradas de la calle: se colgaban en un cordel pinzadas con un trocito de caña.

VENTA AMBULANTE Y EN LIBRERÍAS

En el siglo XIX, calendarios y almanaques como el *Calendario del Ermitaño* se podían encontrar en librerías y otros establecimientos muy diversos como cesterías, cacharrerías, tiendas de ultramarinos, de pesca salada, etc., dependiendo de la población. Hasta los primeros años del siglo XX la distribución en la calle corría a cargo de los vendedores de otros tipos de hojas de caña y cordel que, según testimonios gráficos, acostumbraban a ser personas invidentes.

ellos de referencia y muy reconocidos históricamente en aquellos momentos, y otros más curiosos y populares–, que más tarde serían recopilados en forma de libreto.

El calendario comienza a editarse en castellano ya que también se vendía en Aragón y Navarra, y la intención del editor era extender su venta por toda la Península. De hecho, como conocía bien el comercio marítimo con América, parece que al principio se anunciaba que se vendía por toda Iberoamérica.

La continuidad en tiempos difíciles

A la muerte del fundador, en 1893, su hijo Joan Baptista Morera i Bargalló (1849-1921) dará continuidad a la publicación. Este era publicista, técnico mercantil y también empresario naviero. En tiempos de la Fiebre de Oro, su negocio de barcos que comerciaban con América cogió un fuerte empuje. Pero la competencia y distintas tramas judiciales provocaron la bancarrota de la compañía. Fue entonces cuando se dedicó al negocio editorial. Pero justo cuando decide continuar con la edición del *Calendario del Ermitaño*, se tuvo que enfrentar a un litigio por los derechos de propiedad intelectual ante el intento de usurpación por parte de otro editor, Antonio Millat, quien durante unos años publicó un calendario con el mismo nombre. En 1895, la Audiencia de Barcelona emitió una sentencia a favor de Morera y el *Calendario Ermitaño de los Pirineos* continuó su trayectoria.

En 1908, la administración editorial se traslada a un pequeño local del número 12 de la desaparecida Plaça Nova de Barcelona, delante del Palacio Episcopal, justo donde hoy está el poema visual Bárcino, una escultura de bronce de Joan Brossa. Pasan los años y el *Calendario Ermitaño de los Pirineos* consigue mantenerse gracias a un público fiel. El editor me-

Del *Ermitaño* a *El solitario de los Pirineos*

Durante la Guerra Civil, el calendario tuvo que adaptarse con tal de sobrevivir. Así, desde 1937 hasta 1939, pasa a denominarse *El solitario de los Pirineos*. En la portada, se cambia el grabado del fraile por el de un astrólogo. En el interior desaparecen todas las referencias al santoral, que pasa a nombrarse "onomástica", y se traduce la toponimia con referencia a santos o a la monarquía.

Durante el franquismo, también se tendrá que adaptar a las exigencias del régimen y se verá obligado a incluir ciertos contenidos propagandísticos sobre la Falange o los dictadores José Antonio Primo de Rivera y Francisco Franco, al igual que hicieron otras publicaciones.

jora los contenidos e incluye publicidad, que se hace cada vez más presente. Tras su muerte, en 1921, sus hijos, nietos y bisnietos continuarán con la edición del calendario, no sin superar otras dificultades como la Guerra Civil o los años de la dictadura franquista.

Edicions Morera, la actual editora

En el año 2016, coincidiendo con los 140 años de publicación ininterrumpida, uno de los tataranietos del fundador recoge de nuevo la herencia familiar de la edición del calendario y crea el sello editorial Edicions Morera, en memoria de su tatarabuelo y fundador. El calendario se traduce al catalán como *Calendari de l'Ermità* y recibe un nuevo impulso: se mejora el diseño y se amplían los contenidos, pero siempre manteniendo su singularidad y su espíritu de publicación tradicional. Quizás esta fidelidad a sus orígenes es uno de los grandes valores del calendario, un elemento casi etnográfico que representa aquello auténtico y «de toda la vida» a lo que no queremos renunciar en pleno siglo XXI.

CONTENIDOS QUE IDENTIFICAN *EL ERMITAÑO*

Ilustradores. En 1910, el calendario incorpora unos magníficos grabados de dos reconocidos dibujantes y grabadores: Pacià Ross, que ilustra las cabeceras de los meses con unas evocadoras alegorías sobre las estaciones y trabajos del campo, y Tomàs Argemí, que se encarga de la portada y otras ilustraciones del interior.

Crónica anual. A partir de 1920 se incluye la "Crónica anual", un apartado que recoge los hechos más destacados de la actualidad del año anterior. Desde entonces, esta crónica se ha ido publicando durante más de cien años.

Centenarios. Siguiendo el interés por la crónica del paso del tiempo, en las últimas décadas el calendario incorpora una sección en la que se relacionan las efemérides centenarias.

1876
Evocación de una época

Con la restauración alfonsina comienza un periodo de relativa estabilidad en el que los cambios de gobierno ya no se deben a pronunciamientos ni a conspiraciones, tan frecuentes en los años anteriores. Es la época del gran político Cánovas del Castillo, jefe del partido liberal-conservador e inspirador de la nueva constitución que fue proclamada precisamente en 1876. En la escena política también brilla la figura del célebre orador Castelar, mientras que Pi i Margall sigue agrupando a los federalistas republicanos.

La aparición del *Calendario del Ermitaño*, en el último tercio del siglo XIX, coincidió con un gran momento de transformación social, marcado por los cambios que comportaba la revolución industrial.

Contexto histórico y político

La fundación del *Calendario del Ermitaño de los Pirineos* tuvo lugar en un momento de singular importancia en la historia de España. Tras el breve reinado de Amadeo I de Saboya y el fracaso de la I República, se restaura la monarquía borbónica, siendo proclamado rey Alfonso XII, quien hace su entrada en Barcelona el 9 de enero de 1875. En 1876 queda definitivamente liquidada la llamada guerra carlista que, originada por problemas dinásticos e ideológicos, había dado lugar a crueles y fratricidas luchas durante gran parte del siglo XIX.

Una sociedad que se moderniza

Si nos detenemos a observar cómo se desarrollaba la vida social en Barcelona y en las ciudades y pueblos de Cataluña, encontraremos infinidad de hechos curiosos que nos ilustrarán sobre el fabuloso cambio sucedido en el país durante los últimos 150 años.

Barcelona había roto el círculo de las murallas que la oprimía y empezaba a extenderse por la llanura circundante, siendo su número de habitantes poco más de 200.000. La construcción del Ensanche avanzaba desde el nuevo centro de la ciudad y transformaba el paisaje urbano en calles ordenadas, donde se combinaban las viviendas con pequeños comercios y equipamientos diversos.

INICIOS DEL CENTRO EXCURSIONISTA DE CATALUÑA

En 1876, un grupo de pioneros del excursionismo, empujados por su amor a la naturaleza y a la historia del país, fundaban la Asociación Catalanista de Excursiones Científicas, que más tarde se convertiría en el Centro Excursionista de Cataluña, considerada hoy en día una institución social y cultural de referencia.

1. En 1876 se inaugura el Mercado del Born, uno de los primeros edificios de arquitectura de hierro de Barcelona.
2. Tranvía de tracción animal de la década de 1870.
3. La vestimenta reflejaba las grandes diferencias entre las clases urbanas.y rurales
4. Àngel Guimerà, Mn. Jacint Verdaguer y Narcís Oller, tres figuras primordiales de la *Renaixença* literaria.

Las letras y las artes

Si nos centramos en el ambiente literario y cultural de la época en la que se empezó a editar el *Calendario del Ermitaño*, observaremos que todavía imperaba en España el espíritu romántico: hacía pocos años que había muerto Gustavo Adolfo Bécquer (1870), autor de las célebres *Rimas y leyendas*, mientras que José Zorrilla se encontraba en la cima de su popularidad. Al mismo tiempo se abría paso la novela posromántica, de signo más realista, donde destacan dos figuras primordiales: Benito Pérez Galdós y José María de Pereda que, en el año de la fundación del calendario, en 1876, cumplieron 33 y 43 años respectivamente. En ese mismo año el poeta Campoamor alcanzaba los 59.

En Cataluña había resurgido con gran vigor la literatura vernácula. En los teatros se representaban las obras de Frederic Soler "Pitarra" y adquiría esplendor la celebración de los *Jocs Florals*. Por aquellas fechas, el poeta mallorquín Miquel Costa i Llobera escribía *El Pi de Formentor* y el gran Mossèn Cinto Verdaguer, a sus 31 años, se encontraba en plena pujanza poética, siendo también aquella la edad del gran dramaturgo Àngel Guimerà. Recordemos asimismo otras dos figuras destacadas en el mundo literario de la época: Marià Aguiló, el apóstol de la poesía popular, y el novelista Narcís Oller.

En la Universidad de Barcelona, ocupaba la cátedra de Estética y Literatura la eminente figura de Milà i Fontanals, de quien fueron discípulos de excepción Menéndez Pelayo, Rubió i Lluch, Torras i Bages y Joan Maragall, entre otros.

En el campo de las artes plásticas, encontramos los evocadores paisajes de Modest Urgell junto a las obras de otros dos grandes pintores: Joaquim Vayreda y Ramon Martí i Alsina.

También es interesante recordar que en 1875, un año antes del primer *Ermitaño*, había muerto Pep Ventura, considerado el creador de la sardana moderna, y que dos años antes, en 1874, había fallecido el eximio Josep Anselm Clavé, creador de los famosos coros que todavía hoy llevan su nombre.

No le faltaría al ciudadano barcelonés ruido y bullicio en aquella ciudad de calles estrechas, llena de comercios e industrias. Sin embargo, ¡que tranquilas debían ser sus noches, libres del estruendo de los motores de explosión y los amplificadores electrónicos! ¡Y qué diferentes el ocio y la administración del dinero de aquel entonces! Después de una larga semana de trabajo, se podía asistir a una representación de *La Dida* de Pitarra, en el teatro Romea, por el precio de 12 cuartos (1,4 reales), o a una representación de *La Africana*, en el Liceo, si se estaba dispuesto a pagar los 6 reales que costaba la entrada.

También se podía pasear por las Ramblas y contemplar en el puerto la bella estampa de los veleros que descargaban balas de algodón americano destinado a la industria textil o que cargaban bocoyes de vino del Penedès o del Camp de Tarragona. Muchos de los veleros fondeados en el puerto habían sido construidos por maestros carpinteros de pueblos costeros. Cabe decir que esta industria, después de unos años de esplendor, había iniciado su decadencia.

En esos mismos pueblos de la costa, habitados por pescadores y gentes dedicadas al mar, florecía la artesanía de los encajes de bolillos, muy apreciados en Sudamérica donde eran introducidos de contrabando.

La Fiebre del Oro y la llegada de la electricidad

En Cataluña, el período de 1875-1882 fue muy próspero para los negocios, destacando el gran desarrollo de las industrias textil, metalúrgica y química. Es el momento de la época conocida como la "Fiebre del Oro".

Por entonces, la máquina de vapor constituía la fuerza motriz imprescindible para la mayoría de las industrias —excepto las situadas en los cauces de los ríos—, y las chimeneas formaban verdaderos bosques en los barrios industriales. Sin embargo, la era de la electricidad ya había empezado, y pocos años antes, en 1873, en la barcelonesa Rambla de Canaletes, Xifra y Dalmau habían montado la primera central eléctrica de España, que suministraba corriente para la iluminación por arco voltaico a varios establecimientos industriales.

Mientras, el gas seguía siendo la principal fuente de iluminación urbana, y los quinqués de petróleo y las luces de aceite eran de uso corriente en las áreas rurales.

Debemos recordar también con nostalgia que hace 150 años se consumaba la desaparición de una industria que durante siglos había florecido en las comarcas pirenaicas: nos referimos a las antiguas fraguas, donde se obtenía y se forjaba el hierro por el procedimiento universalmente conocido como "farga catalana".

Los medios de transporte estaban viviendo una radical transformación debido a la progresiva implantación del ferrocarril, que acabaría por sustituir a las clásicas diligencias. Así, en 1876, un habitante de la Garriga podía desplazarse cómodamente a Barcelona en tren por 17 reales, un precio bastante elevado en la época. El carro seguía siendo el medio de locomoción más utilizado y los arrieros aseguraban el transporte de mercancías entre poblaciones. En la ciudad, los ómnibus —carruajes de tiro— eran el transporte más popular en competencia con los tranvías de caballos, que circulaban sobre raíles.

Podríamos referirnos a infinidad de usos y costumbres de la época, y a modos de hablar y formas de vestir propias de cada población y comarca. Únicamente diremos que en los pueblos aún era habitual el uso de la barretina y que abundaban toda una serie de cantos, danzas, fábulas y otras tradiciones que, antes de que cayeran en el olvido, fueron salvadas por la paciente labor de los amantes del folclore.

Texto elaborado a partir de un artículo de Estanislau Tomàs i Morera, publicado en el *Calendario del Ermitaño* en 1975 con motivo del centenario de la publicación.

LAS COMUNICACIONES

TARJETAS POSTALES

Eran el sistema de comunicación más eficaz y popular gracias a una red de correos bien organizada, con reparto diario de correspondencia. Los buzones, en las calles, todavía eran de madera y en los envíos se utilizaban sellos.

TELÉGRAFO

Cataluña ya contaba con una línea submarina de cable que permitía la conexión del conjunto de los Países Catalanes.

TELÉFONO

En 1877 se realizaron las primeras pruebas telefónicas en la Escuela Industrial de Barcelona, así como la primera llamada interurbana del Estado, entre Barcelona y Girona.

PAREMIAS DEL ♪800

En algunos diccionarios, calendarios y almanaques editados hace más de 150 años encontramos muchos dichos y refranes que todavía utilizamos actualmente.

Hace poco más de 150 años, la lexicografía catalana vivía una época esplendorosa. De hecho, bebía de los frutos obtenidos a lo largo de aquel siglo, lo que hizo que, en referencia a 1839, se hablara de «una plaga nueva y descomunal». Solo hay que recordar que de ese año son el *Diccionari catalá-castellá-latino-frances-italiá* (conocido como el quintilingüe), de una Sociedad de catalanes; el primer volumen del *Diccionari de la llengua catalana ab la correspondencia castellana y llatina*, de Pere Labèrnia, y el *Diccionario catalan-castellano*, del padre Magí Ferrer.

Anteriores a estos, encontramos el *Diccionario de refranes catalanes y castellanos*, de 1831, de un autor del cual solo conocemos las siglas: D. J. A. X. y F.; y, posteriormente, en 1847, el *Diccionario catalán-castellano y viceversa*, de otro autor de quien también solo nos han llegado las siglas: D. y M. ¡Debía ser un oficio peligroso, este de la lexicografía, dado que los autores se escondían detrás de unas siglas irreconocibles!

Así pues, disponemos de un buen número de obras lexicográficas que nos aportan muchas expresiones y refranes usuales en aquella época.

Por otro lado, como ha constatado Norbert Tomàs, comisario de la exposición sobre calendarios tradicionales *Per no perdre el temps*, a finales del s. XIX y principios del s. XX muchos calendarios incluían una gran variedad de refranes, sobre todo de carácter meteorológico o relacionados con el santoral.

He hecho el ejercicio de filtrar, por estas fechas, la *Paremiologia catalana comparada digital* (PCCD) –un repertorio que en la actualidad dispone de más de 600.000 registros catalogados–, y he encontrado centenares de refranes en la criba. Pero, ¿son estos refranes muy diferentes de los que nos han llegado y conocemos actualmente? Por ejemplo, si empezando por la letra a, os digo *A buen entendedor, pocas palabras bastan; A perro viejo no hay tus, tus; A pan duro, diente agudo; A falta de pan buenas son tortas; A pájaro viejo no le sacas las plumas; A grandes males, grandes remedios; A boda y a bautizo, no vayas sin ser…* ¿verdad que los reconocéis?

Vemos que muchos dichos de estas obras han llegado hasta nuestros días. Unos proverbios y refranes que todavía, de vez en cuando, utilizamos y que, con gran afán, intentamos conservar para que no se pierdan.

 Víctor PÀMIES I RIUDOR
Lingüista especializado
en paremiología

Dibujo de Manuel Moliné publicado en *La Esquella de la Torratxa* en 1903

2800 AÑOS DE LOS PRIMEROS JUEGOS OLÍMPICOS EN GRECIA

La historia de los Juegos Olímpicos se inició en el año 776 a. C. en la antigua Grecia, donde en la ciudad de Olimpia se celebraban, cada cuatro años, diversas competiciones en honor al dios Zeus. Después de varios siglos sin celebrarse, los Juegos fueron retomados en 1896, convirtiéndose en el gran acontecimiento deportivo que conocemos en la actualidad.

El pasado verano de 2024 se ha celebrado en París la XXXIII Olimpiada moderna, que se corresponde con los XXX Juegos Olímpicos (en 1916, 1940 y 1944 no se celebraron a causa de las guerras mundiales). Para encontrar su origen debemos trasladarnos a Atenas, a 1896, cuando el parisiense Pierre de Coubertin promovió con éxito la celebración de un acontecimiento deportivo mundial inspirado en los Juegos de la antigua Grecia. A partir de ese año, de los 14 países y 9 deportes —en la primera edición sin la presencia de mujeres— hemos llegado hasta los 32 deportes y unos 207 países participantes en la actualidad. En total, 128 años con muchas historias para explicar.

Pero, ¿por qué el *Calendario del Ermitaño*, en 2025 y con sus 150 años de historia, mira hacia el olimpismo? Respecto a los Juegos Olímpicos modernos, ambos aparecieron en el último tercio del siglo XIX: en 1876 se publica el primer número de *El Ermitaño*, y veinte años después se celebraron los primeros Juegos modernos. Pero si retrocedemos hasta los Juegos de la antigua Grecia, este año 2025 también celebran una efeméride: 2.800 años de historia, ya que el primer vestigio de su celebración lo encontramos en Olimpia, en el año 776 a. C.

Los antiguos Juegos

Los antiguos Juegos Olímpicos se celebraron durante 1.169 años, a lo largo de 11 siglos y 292 Olimpiadas, hasta que el emperador Teodosio el Grande, en 393 d. C., prohibió todos los cultos paganos. Esto supuso el fin de los Juegos Olímpicos que, desde la invasión de Grecia por parte de Roma, habían entrado en una lenta pero inexorable decadencia.

LAS OLIMPIADAS PARA MEDIR EL TIEMPO

En la antigua Grecia, una olimpiada era el periodo de cuatro años comprendido entre dos celebraciones consecutivas de los Juegos Olímpicos. Fue a partir del 776 a. C., fecha de los primeros Juegos, cuando los griegos, y después los romanos, se acostumbraron a medir el tiempo por olimpiadas, convirtiéndose en la referencia cronológica para expresar los años: el primero, el segundo, el tercero o el cuarto de la olimpiada correspondiente. Así, por ejemplo, el año segundo de la cuarta olimpiada correspondía al 763 a. C. Y si hablamos de la era cristiana, el año 1 se considera como el primer año de la olimpiada 194.

La culta Grecia, espejo de muchas culturas; cuna de la democracia, la filosofía y el teatro; excelente en escultura, matemáticas... y en tantas y tantas cosas que nos han marcado y hecho como somos, todavía ahora, en el siglo XXI. Pero Grecia era algo más que todo esto. Era un conjunto de ciudades-estado, muy a menudo en guerra entre ellas o contra poderosos enemigos externos, circunstancia que confirió a los griegos un marcado carácter guerrero. Un carácter que se manifestaba en las pruebas que cada cuatro años se celebraban en honor a Zeus, el principal dios del Olimpo, y que eran una muestra de las habilidades y destrezas que tenía que tener un buen guerrero.

Durante la celebración de los antiguos Juegos se proclamaba la "tregua sagrada", que prohibía toda actividad bélica y propiciaba la participación en el certamen.

Entre las diferentes pruebas destacaban las carreras, el salto de longitud, el lanzamiento de disco y de jabalina, la lucha y las carreras de carros.

La participación y asistencia a las pruebas deportivas estaba restringida solo a:
– Hombres libres, no esclavos; es decir, que pudieran votar en el régimen democrático griego.
– Ciudadanos griegos; es decir, habitantes de las diferentes polis griegas. Aunque a partir de la invasión de los romanos se abrió a todos los ciudadanos del imperio.
– Hombres varones. Las mujeres compitieron por primera vez en 1900, en París, en la segunda edición de los Juegos modernos. En toda la antigüedad, solo en alguna prueba ecuestre pudo participar alguna mujer. Hoy en día, en la hípica olímpica, hombres y mujeres compiten en igualdad de condiciones.
Los participantes competían desnudos, tal y como se entrenaban en el gimnasio. Por cierto, que la palabra gimnasio quiere decir "donde se está desnudo". Y de ahí que Mallorca y Menorca fueran llamadas por los griegos las islas Gimnesias, dado que sus habitantes, de la cultura talayótica, iban desnudos o con poca ropa.
Quiero finalizar este breve apunte sobre la historia de los Juegos Olímpicos deseando ¡larga vida al *Ermitaño* y al olimpismo!

 Víctor BAROJA I BENLLIURE

LA CARRERA DE LOS HOPLITAS

Una de las pruebas más destacadas de los Juegos era la carrera de los hoplitas, guerreros que corrían con su armadura, lanza y escudo (*hoplon*). Dicha habilidad permitía a la infantería griega desplazarse rápidamente de un lugar a otro, convirtiéndola en una de las mejor valoradas de la época antigua.

UN CAMPEÓN DE BARCELONA EN LOS ANTIGUOS JUEGOS OLÍMPICOS

Lucius Minicius Natal, hijo de un senador romano que vivía en Barcino —nombre de Barcelona en época romana— en 129 d. C., es decir, en la CCXXVII Olimpiada antigua, ganó una prueba de cuádrigas. Lucius hizo grabar una estela de piedra para dejar constancia de su victoria.

Los inicios de la meteorología catalana

El *Calendario del Ermitaño de los Pirineos* vio la luz en 1876, justo en la época en la que Charles Darwin hacía 17 años que había publicado su libro *El origen de las especies*. Un momento en el que el romanticismo, la tradición y la ciencia estaban íntimamente entrelazados.

El *Calendario del Ermitaño* nació poco antes de la construcción de los observatorios del Ebro, en Roquetes, y el Fabra, en Barcelona, en 1904. Prácticamente cien años antes, desde 1780, ya había datos meteorológicos de la ciudad de Barcelona, recogidos por el Dr. Salvà Campillo, que se publicaban en el *Diario de Barcelona* a partir de 1792. El Dr. Campillo dejó un registro de la meteorología, pero también de las principales enfermedades que aquejaban a la población de la ciudad, en un ejercicio pionero en el mundo de la observación con una mirada amplia, desde el punto de vista de la ciencia, de la realidad que nos rodea.

El pronóstico recurrente

También el *Calendario del Ermitaño de los Pirineos*, hace 150 años, siguió esta tradición del país: aportaba datos astronómicos precisos que permitían saber las fases de la Luna y la salida y la puesta de Sol cuando no existían muchas formas de conocerlos; indicaba el día exacto del cambio de estación, y proporcionaba una especie de pronóstico meteorológico que se basaba en el clima del país, lo que hoy en día llamaríamos un pronóstico "recurrente", es decir, aquel que recoge lo que suele ocurrir en cada época del año. Puede parecer un pronóstico menor, pero en el sector agrícola era de vital importancia. Y es que no todo el mundo tiene la formación o la experiencia para recordar o saber el tiempo pasado y, mucho menos, cómo aplicarlo a cada estación agrícola.

La meteorología, un ejercicio metódico de observación

En Cataluña siempre hemos tenido una gran pasión por la meteorología, que se ha basado en la observación y su aplicación en nuestro día a día. Incluso hemos exportado esta pasión y hemos ayudado, históricamente, a mejorar la ciencia de la meteorología a nivel mundial. En la misma época en que nació el *Calendario del Ermitaño de los Pirineos*, un fraile de la Compañía de Jesús dejaba su pueblo de Poboleda —en el Priorat— de camino a La Habana. Era el padre Benet Viñas, que fue pionero en el pronóstico de la llegada de huracanes a Cuba justamente en 1875 y 1876, lo cual salvó muchas vidas e incluso

barcos del naufragio. Su método científico, basado en la observación meticulosa y esmerada, le permitió elaborar y descubrir la "naturaleza rotatoria de los huracanes".

El *Calendario del Ermitaño* sentó las bases de una climatología aplicada y de calidad, facilitando una información astronómica de aplicación directa en la vida cotidiana

Esta plasmación metódica de la realidad que nos rodea es también la filosofía de los contenidos del *Calendario del Ermitaño*, así como la adaptación a la realidad en cada momento de la historia. La ciencia social del calendario recoge los datos de uno de los motores económicos del momento: las ferias, donde los campesinos podían vender sus productos y el conjunto de la población comprar lo que necesitaba. El calendario también ha sido el ordenador del ocio y el esparcimiento al ofrecer información sobre las fiestas mayores, que siempre han sido lugar destacado de la actividad social de los pueblos y ciudades de Cataluña.

Todas las características del romanticismo están presentes en el *Calendario del Ermitaño*: el sentimiento por encima de la razón, traspasando el frío valor de los datos astronómicos y meteorológicos a una aplicación

social de mejora del día a día. También el dramatismo y las emociones, al incluir textos que enlazan con el pensamiento de cada época y que, en unos tiempos de escasa oferta cultural, aportaban entretenimiento. Por último, la originalidad y la creatividad ya que, a pesar de la apariencia repetitiva de un calendario, es un artículo que se adapta y marca el ritmo de los tiempos.

Es un calendario para el pueblo, en el sentido más liberal de la época, que da herramientas de conocimiento que antes de su nacimiento solo estaban al alcance de los poderosos. Y la nostalgia que, ciento cincuenta años más tarde, todavía perdura como herencia viva del romanticismo que marcó su inicio y que mantiene, todavía hoy, su rabiosa actualidad. Yo mismo, en la época actual de internet y del acceso inmediato a datos de todo tipo, todavía lo compro cada año, y lo tengo sobre la mesa de la sección de meteorología de una cadena de televisión del siglo XXI.

El *Calendario del Ermitaño de los Pirineos* marca una trayectoria de 150 años de historia meteorológica, astronómica, social, literaria y de la vida misma de generaciones enteras. ¡Todo un reto superado de historia y tradición!

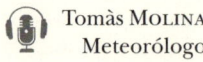 Tomàs Molina
Meteorólogo

CAVILANDO y CURIOSEANDO
Por el señor Marcel·lí Virgili

Ave María Purísima.

Para celebrar como es debido los 150 años del *Calendario del Ermitaño* se hace del todo inexcusable hablar de esa cosa que *a menudo matamos, pero sin hacerle daño*. Me refiero al paso del tiempo: *Hay que matar el tiempo, en espera de que él nos mate.* Así que aquí os dejo algunas cosas sabias y curiosas para que vayáis reflexionando sobre este tema tan peliagudo.

LA REPRESENTACIÓN DEL TIEMPO

Desde el siglo XVIII, día arriba, día abajo, se representa el *tiempo* con la figura de un señor mayor (por no decir viejo o, directamente, decrépito), ataviado con una capa o hábito siniestro —aunque a veces también medio desnudo— y acompañado de una guadaña y un reloj de arena.

En conjunto es un batiburrillo de imágenes y símbolos que se han ido mezclando y propagando sin ton ni son a lo largo de los siglos. El Padre Tiempo no deja de ser una personificación moderna del dios Cronos, o Saturno para los romanos (aunque los entendidos consideran que hay mucha diferencia entre uno y otro) que, fíjate por donde, llevaba siempre una hoz en la mano.

La hoz y la guadaña son primas hermanas. Ambas herramientas se utilizan para lo mismo: para segar cereales o hierba. Y hay que tener mucha traza para saberlas manejar. Como siegan la vida, simbolizada aquí por las espigas, a menudo han sido utilizadas para representar a la muerte.

Y de ahí la confusión: se mezcló el concepto del Padre Tiempo con la muerte que siega la vida. Y es que, de hecho, en la práctica, ambos vienen a hacer lo mismo. De ahí que la representación del tiempo lleve una guadaña.

Manuel Moliné i Muns (Barcelona, 1833-1901), reconocido dibujante humorístico, publicó esta representación del tiempo en el semanario *L'Esquella de la Torratxa* en marzo de 1898.

LO QUE DICE EL TIEMPO

—*Ya que el mundo no quiere ir bien, al menos que sirva para divertirme.*

23

Por cierto, que la muerte vaya con una guadaña es una imagen de origen muy antiguo. Homero, poeta griego que vivió alrededor del siglo VIII a. C. y autor de dos magníficas epopeyas: la *Ilíada* y la *Odisea*, ya cuenta que, cuando en la guerra de Troya "pelaban" a alguien, "llegaba la muerte, segadora de vidas". De ahí que la imaginación asociara la guadaña con la muerte. Por ejemplo, en los naipes franceses del siglo XIII ya la representan así. Y si encima, a todo esto le añadimos el reloj de arena, pues ya solo cabe decir una cosa:

Tiempo presente,
al mentarlo ya es ausente.

EL REMATE

Para acabar, que mejor que recordar una verdad inapelable:

Para llegar tarde, no hace falta correr.

Incluso, hasta a la hora de irnos de este mundo, ya sea con o sin reloj, no debemos tener ninguna prisa. Y como *Tal día, hará un año*, sigamos siempre la máxima que debe guiarnos 150 años más:

El tiempo que se vive con ganas,
son las puestas de sol y los fines de semana.

TEMPUS FUGIT

He aquí un latinajo que a menudo encontramos escrito en relojes de agujas o de sol y al que, de tanto verlo, ya no le hacemos ni caso. Pues además de conocer su significado de que *"El tiempo huye, se escapa"*, también deberíamos saber que está inspirado en una frase de Virgilio, un poeta sublime de la época del primer emperador de Roma, Octavio Augusto quien, durante un par de años, corrió por Tarragona. La frase original de Virgilio no es exactamente igual; sale en su libro de poemas titulado las *Geórgicas*, una alabanza a los pastores y campesinos, donde en el tercer capítulo, verso 284 (eso me lo han buscado ¡eh!, pues yo no tenía ni idea), dice así:

Fugit irreparabile tempus
"El tiempo huye de manera irreparable"

L'ANY DE LA PICOR (EL AÑO DEL PICOR)

Es una expresión que sirve para decir que una costumbre, una cosa o la manera de pensar de una persona están pasadas de moda; vaya, que son de una época anticuada, rancia e indefinida. La frasecita hay que decirla, evidentemente, con mucha desconsideración. A mí me la dicen muy a menudo, pero a decir verdad, ¡por una oreja me entra y por la otra me sale!

Los entendidos dicen que *l'any de la picor* existió de verdad. Fue en 1471, un año de malas cosechas al que se sumó una terrible invasión de pulgas y pulgones que picaban sin piedad. El hambre y la miseria hacían que las picaduras fueran casi insufribles y algunos ni lo llegaban a explicar. Lo que todavía es un enigma es qué decía la gente para referirse a lo anticuado y pasado antes de este gran percance de los picores.

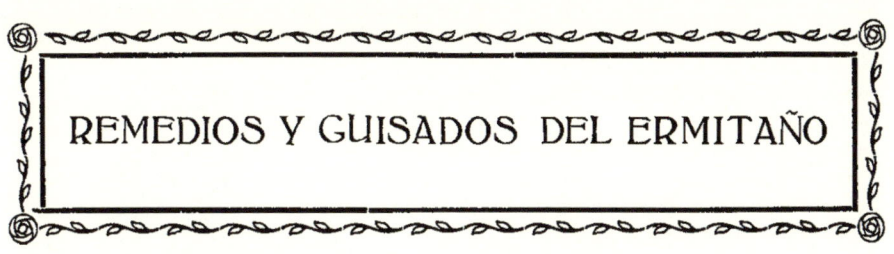

REMEDIOS Y GUISADOS DEL ERMITAÑO

COCINA Y HORTALIZAS DEL MEDITERRÁNEO

Algunas de las hortalizas más presentes en la cocina mediterránea provienen de tiempos muy remotos, cuando fueron introducidas por fenicios, romanos y árabes. Este es el caso de la cebolla y el ajo, y del granado y el azufaifo.

Hoy, en toda la cuenca mediterránea nos encontramos con una vegetación de enorme riqueza: campos de cereales y trigales, viñedos y olivares, almendros y algarrobos, y con un paisaje agraciado con bellísimas huertas, muy bien cultivadas y enriquecidas con vergeles de árboles frutales de todo tipo. Sin embargo, a excepción del olivo, la viña y el trigo, la mayoría de las plantas que hoy calificamos como "vegetación mediterránea" tienen su origen muy lejos de los territorios que rodean el *Mare Nostrum*.

Algunas de las hortalizas que, con el paso de los años han conseguido un gran reconocimiento en la cocina de los estamentos populares y monásticos, tienen un origen muy lejano. Algunas de estas plantas ya fueron conocidas —o bien introducidas— por egipcios, griegos y romanos. Es el caso del granado y también de los ajos y las cebollas, procedentes de Asia Central y que, una vez llegadas al Mediterráneo, fueron inmediatamente cultivadas. Otras procedían de China, como por ejemplo el azufaifo, que fue introducido más tardíamente por los árabes.

El granado llega con los fenicios

El granado (lat.: *Punica granatum*, cat.: *magraner*) es una planta bíblica que aparece mencionada algunas veces en la Sagrada Escritura. En la antigüedad, el granado gozó de gran prestigio y, al parecer, llegó desde Persia a las regiones mediterráneas gracias a los fenicios.

Las granadas son una fruta vistosa, muy sabrosa, pero algo ácida. Es muy vitamínica y agraciada con potasio y ácido cítrico, y cuenta con propiedades diuréticas, desinfectantes y antioxidantes. Para los estómagos delicados, la granada aporta taninos con efectos astringentes y antiinflamatorios sobre la mucosa digestiva, y la corteza de la raíz de la planta actúa como un poderoso vermicida.

Los ajos y las cebollas procedentes de Asia

Ya desde época muy arcaica, los ajos y las cebollas fueron las hortalizas más presentes —diría que imprescindibles— en las comidas de los estamentos populares de los territorios de toda la cuenca mediterránea, y formaban parte de salsas tan apreciadas como la ajada o bien la olivada.

La cebolla (lat.: *Allium cepa*, cat.: *ceba*) es todavía hoy una de las hortalizas más saludables y valoradas de la gastronomía mediterránea, y cuenta con una arraigada tradición culinaria. A semejanza de los ajos, las cebollas llegaron a Occidente desde Asia Central y se sabe, a ciencia cierta, que fueron cultivadas por egipcios, griegos y romanos. Desde hace siglos, la cebolla es un ingrediente esencial de gran número de platos y recetas de la cocina mediterránea, especialmente del sofrito en la cocina catalana. La cebolla, a su vez, goza de notables virtudes terapéuticas: en especial, se utiliza como antidiabético y, también, contra los ataques de gota y las afecciones gripales.

Los árabes, introductores del azufaifo

En cambio, el azufaifo (lat., *Zizyphus vulgaris*; cat., *ginjoler*) era una planta desconocida por los romanos y fueron los árabes quienes lo extendieron por el Mediterráneo. Se trata de un arbusto de ramas inclinadas con unas estípulas rectas y espinosas. Las hojas son alternas y lustrosas y produce unas flores amarillentas poco vistosas. Los frutos son los jínjoles —también conocidos como "dátil chino"—. Son ovalados, de color rojizo, bastante dulces y poseedores de numerosas propiedades medicinales. Tradicionalmente, los frailes capuchinos incluían jínjoles en la composición de un apreciado *decoctum pectorale* que preparaban para los religiosos enfermos, para ablandar la tos y facilitar la expectoración, tal como lo registra una antigua receta del año 1751 preparada por fray Jacinto de Sarrià en el convento de Vilanova de Cubelles: "Los jínjoles son contrarios al vientre, y tienen poca sustancia, pero son pectorales y muy buenos para los dolores de la vejiga y riñones" (ver *De algunas Yerbas y sus virtudes medicinales*, f. 204).

Ni Heródoto ni el resto de romanos pudieron contemplar en las huertas y vergeles del Mediterráneo las vistosas y exóticas plantas introducidas por los árabes, ni tampoco las que llegaron de América, tales como las patatas, los pimientos, las tomateras o las capuchinas. Que en el nuevo MMXXV disfrutéis todos de muy buena salud, con Paz y Bien, y que tengáis el placer de degustar jínjoles y granadas, que son frutas muy vitamínicas y favorables para nuestro organismo.

 Fray Valentí SERRA DE MANRESA
Archivero de los capuchinos

SALSAS MILENARIAS

AJADA

En la cocina de los pueblos antiguos fue particularmente apreciada la ajada o *allada*, una especie de alioli dotado de gran energía ya que contenía miel y mantequilla, y que los militares romanos solían comer antes de los combates. De esta salsa también se elaboraba una variante que consistía en una picada de ajos con pan, sal y aceite o vinagre (lat., *alliatum*), que era muy apreciada por la gente sencilla junto con el alioli (lat., *ex oleo alliatum*).

OLIVADA

Otra salsa romana era la olivada, muy pastosa, elaborada con aceitunas picadas sin hueso, maceradas con sal, ajos, vinagre y anchoas.

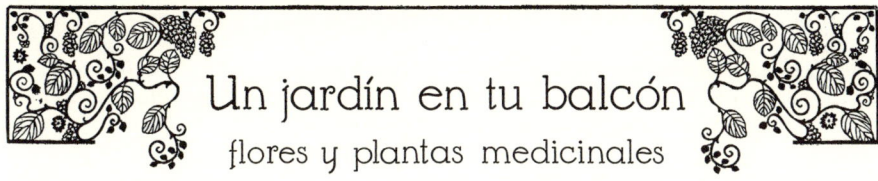

Un jardín en tu balcón
flores y plantas medicinales

Plantas y flores de jardín

Enero. Reproducir gazanias por semillas; geranios y margaritas por esquejes.

Febrero. Sembrar amapolas. Plantar lirios, gardenias, anémonas y ranúnculos.

Marzo. Sembrar margaritas, amapolas, guisantes de olor, coronados, girasoles, petunias, zinnias y campanillas. Plantar bulbos de dalias, gladiolos, narcisos y lirios de agua. Abonar la tierra.

Abril. Sembrar guisantes de olor, lobelias, petunias, pensamientos, coronados, jacintos y dalias. Reproducir las gazanias por esquejes.

Mayo. Sembrar dalias, petunias, begonias, coronados, amaranto, lirios, gladiolos, carraspique y claveles. Reproducir las plantas por acodo, injertos o esquejes.

Junio. Sembrar semillas de anémonas. Coger guisantes de olor para prolongar la floración. El jardín de verano está lleno de flores para disfrutar y cosechar: lirios, campanillas, girasoles, peonias, matricaria y adormideras, entre otras.

Julio. Hacer esquejes de geranios: cortar un brote fuerte y joven de la planta madre, quitar las hojas inferiores, plantar y regar. Enraízan a los 15 días.

Agosto. Sembrar centaurea. Coger flores y las semillas de las cabezas florales que han llegado al final de su ciclo. Hay muchas variedades de centauras; anuales, bianuales y perennes. Son plantas atractivas para las abejas.

Septiembre. Sembrar pensamientos de invierno y crisantemos. Plantar rosales. Sacar los bulbos y tubérculos de variedades no resistentes al frío y almacenar en lugar fresco. Hacer esquejes de crisantemos y hiedras. Separar de la planta madre los acodos de claveles y plantarlos.

Octubre. Sembrar plantas bulbosas: jacintos, narcisos, crocus, ranúnculos y amarilis. Podar rosales.

Noviembre. Sembrar amapolas, alhelíes y malva. Plantar los bulbos de narcisos, crocus, tulipanes y jacintos; escilla y pensamientos en semillero. Dividir los rizomas de los lirios. Almacenar los tubérculos de dalias.

Diciembre. Sembrar pensamientos en plantel. Plantar los bulbos de narcisos, tulipanes, crocus, jacintos, escila, fresia, amarilis, ranúnculos y nazarenos. Podar rosales. Los bulbos necesitan un suelo arenoso y aireado.

Aromáticas y medicinales

Enero. Siembra directa de manzanilla. Cosechar perejil. Preparar una maceta para cada planta de orégano, romero, caléndula y menta.

Febrero. Sembrar santolina y valeriana. Cosechar la escorzonera. La valeriana crece bien en suelos pobres y drenados. Atrae a las mariposas.

Marzo. Sembrar mejorana, ajenjo, árnica, orégano, perejil, romero y comino. Hacer plantel de albahaca. El perejil es un cultivo bianual: el primer año crecen hojas en rosetón; el segundo año produce un tallo floral que se seca. Recoger las semillas. Las labiadas son medicinales y, además, las aromáticas más utilizadas en la cocina.

Abril. Sembrar labiadas. Trasplantar albahaca e hinojo. Cosechar perejil y salsifí (el salsifí es un cultivo rústico bianual; sus brotes tiernos se consumen hervidos como cualquier verdura).

Mayo. Sembrar labiadas e hinojo. Plantar azafrán. Coger melisa, manzanilla, perejil y flores de capuchina, que son muy apreciadas en la alta cocina.

Junio. Sembrar cilantro e hinojo (del hinojo se utiliza el bulbo para comer; las semillas, para aromatizar y hacer infusiones). Plantar azafrán a 8-10 cm de profundidad. Coger flores de hipérico, comino, menta, romero y orégano.

Julio. Plantar azafrán. Cosechar orégano, menta, perejil, salvia y semillas de caléndula y capuchina. Hacer esquejes de laurel y ponerlos a la sombra protegidos del viento.

Agosto. Siembra directa de perejil y borraja. Coger hojas y flores de santolina, lavanda y ajenjo; dejar que se sequen y ponerlas en saquitos dentro de los armarios.

Septiembre. Siembra directa de perejil, ajedrea y enebro. Podar orégano y lavanda. Cosechar hinojo. El orégano se seca para rebrotar en primavera.

Octubre. Plantar tomillo, mejorana, hisopo, salvia, cilantro, estragón y lavanda. Coger hojas frescas progresivamente, de acuerdo a las necesidades de consumo.

Noviembre. Hacer esquejes de salvia, pimpinela y enebro. La salvia (del latín *salvare* -curar-) crece en suelo arenoso. Debe estar expuesta al sol.

Diciembre. Sembrar verbena. Cosechar salsifí y escorzonera. Las mentas entran en latencia para renacer en primavera. Las semillas caídas de albahaca permanecerán en la tierra hasta que se den las condiciones de temperatura y humedad para germinar; se autosiembran.

Beatriz RODRÍGUEZ

. . . .

Las labiadas

Además de ser medicinales, las labiadas son las aromáticas más utilizadas en la cocina. Es el caso de la albahaca, el orégano, la mejorana, el romero, el tomillo, la salvia, la menta, la lavanda y la melisa.

. . . .

CALENDARIO DEL HORTELANO
PRODUCTOS DE LA TIERRA

Con ocasión de los 150 años del *Calendario del Ermitaño*, este año os ofrecemos una versión renovada del calendario tradicional del agricultor catalán, con la incorporación de refranes y consejos prácticos que pueden contribuir a mejorar el cultivo ecológico de nuestras hortalizas.

Enero

Teniendo en cuenta el refrán *En enero debes abonar lo que luego sembrarás*, este mes es el más adecuado para labrar la tierra y, sobre todo, para beneficiarla con abonos orgánicos, ya sea estiércol de establo, purines o bien gallinaza, unos abonos muy ricos en nitrógeno y potasio que aportan a la tierra los nutrientes necesarios para el buen crecimiento de los cultivos. Se aconseja no podar después de las lluvias, ni tampoco si se prevén precipitaciones o en días de niebla espesa y persistente. Al podar los viñedos se deben eliminar totalmente los brazos y las cepas muertas.

Durante este mes invernal hay que proteger las plantas de las heladas y situar las aves de corral en lugares bien secos y soleados.

Al empezar el año hay que plantar ajos y cebollas y, sobre todo, espinacas y también habas tardías. En los lugares más cálidos se puede empezar a sembrar la simiente de acelgas, coles, perifollo, perejil, zanahorias, tirabeques o "guisantes capuchinos", guisantes de desgranar, puerros, rabanitos, remolacha, achicoria y chirivía.

29

Febrero

Se deben podar, labrar y abonar convenientemente los viñedos, vergeles y olivares, teniendo siempre presente el dicho *Árbol podado en febrero, tendrá fruto duradero.*

En febrero ya se puede iniciar la siembra temprana de las patatas, y es el mejor momento para trasplantar las fresas y las alcachofas. En la tierra reposada de los huertos se suele sembrar la semilla de las principales variedades de escarola y de lechuga, tales como la lechuga romana blanca, lechuga escarola de primavera, lechuga negra, lechuga llamada "de los tres ojos" y, sobre todo, la escarola de "cabello de ángel" o "de la peluca". También se puede sembrar la simiente de la col verde, el perejil y el apio temprano. Se suelen sembrar castañas y bellotas y se desbrozan de matorrales los bosques.

Marzo

Si todavía no se ha concluido la poda de los viñedos, debe terminarse, ya que según afirma un antiguo dicho *Tu viña preciada, entrando en marzo, ya labrada y podada.* Se debe prestar atención a la acción dañina del pulgón lanígero ya que es cuando empieza a penetrar en las grietas de los árboles.

Es recomendable añadir a la tierra de cultivo turba procedente de aguas pantanosas o de la descomposición de residuos generales. Esta turba beneficiará enormemente el terreno, otorgándole una mayor capacidad de retención de agua y mejorando su porosidad.

En las huertas se debe proseguir con la siembra del perejil, zanahoria, rábanos, cebollas, puerros, espinacas, chirivías y, sobre todo, de escarola y lechu-

Consejos para el cultivo de un pequeño huerto en el balcón de casa

Colocar las macetas o mesas de cultivo en un lugar bien soleado, ya que las hortalizas necesitan mucha luz y un mínimo de 5 horas diarias de sol. Si se disponen jardineras en diferentes pisos es importante que a todas les llegue la luz directa. También es importante protegerlas del viento.

*

Utilizar un sustrato rico en materia orgánica, aireado y esponjoso, que permita un buen desarrollo de las raíces.

*

Más que la altura es importante el volumen de las macetas o jardineras que se utilizan. Se debe procurar un buen drenaje poniendo piedras o grava en el fondo.

*

Regar adecuadamente, siempre comprobando antes el grado de humedad de la tierra. En verano, los riegos serán casi diarios, si es posible con riego automático.

*

Regularmente se debe controlar la aparición de plagas y actuar de inmediato en caso de infestación. Las plantas aromáticas como la albahaca, la ruda o el tabaco actúan como repelente.

*

Combinar plantas compatibles y plantar escalonadamente para ir recogiendo durante todo el año.

*

Usar abonos y fertilizantes, preferiblemente orgánicos como estiércol o compost.

Hortalizas para el hortelano novel

Perejil, lechuga, rábanos, cebollas, coles, ajos, pimientos y tomates.

gas para ensaladas en las variedades "bledera", "alcachofera", "maimona" y, sobre todo, de lechuga romana larga y de lechuga escarola blanca de verano. Ahora se siembran las simientes de los berros, las espinacas de hoja ancha y las coles en las variedades de "col de las siete semanas" y "col de mitra", así como los guisantes enanos y los guisantes negros y rugosos.

Abril

En los lugares más resguardados y soleados se puede preparar la siembra para hacer plantel de berenjenas, tomateras tempranas y de los pimientos largos y los más gruesos llamados de "morrón". Durante la primavera hay que tener el huerto bien cultivado y libre de orugas y malas hierbas ya que, *En abril, cortas un cardo y crecen mil*. En la viña hay estar atentos a la posible presencia de hongos, especialmente en las cepas de las variedades más sensibles, como la garnacha.

 El mes de abril es muy apto para sembrar las simientes de aquellas hortalizas que mejor se adaptan a los meses de verano como, por ejemplo, calabaza, calabacín, lechuga, remolacha, nabo, melón, sandía, pepino, rábanos, espinacas y, también, sembrar la judía para recoger tierna la vaina. Se puede proceder a plantar judías de mata baja en las variedades de las mochas agrisadas, mochas rojas, las enanas bermejas de la "avellanita" y la judía negra "de San Pedro".

Mayo

Durante el mes de mayo es muy recomendable esparcir en la tierra de los campos y huertos un compuesto elaborado con turba y la hojarasca fermentada para que así las hortalizas cultivadas sean mucho más sabrosas. Si la tierra de los viñedos y olivares estuviera muy seca, hay que regar los vástagos jóvenes plantados en otoño, y recordar que *Flor del olivo en mayo, aceite para todo el año*.

 En este mes hay que plantar los apios tardíos y las lechugas, especialmente la variedad "maravilla", ya que en verano le cuesta más espigarse. También es un buen momento para trasplantar el plantel de pimientos, berenjenas y tomateras de las diversas variedades "de manzana", "de pera", "rosa" o "de Montserrat" y "corazón de buey", plantando cerca algunas matas de albahaca y tabaco para repeler a los insectos.

Junio

En junio es necesario esparcir en la tierra de los huertos una buena proporción de sustrato orgánico de turba para así mejorar la calidad del terreno, de acuerdo con aquel dicho que dice: *Junio brillante, año abundante*.

Los hortelanos deben prestar mucha atención a las colonias de pulgón gris y pulgón lanígero, evitando que parasiten en los brotes tiernos de las hortalizas. Al inicio del verano también hay que estar atentos a la acción del mildiu en los viñedos y tratarlo debidamente.

 En las huertas se procederá a la plantación de la escarola y de las tomateras tardías y, sobre todo, de las judías para recoger judías secas. También suele ser un buen momento para sembrar los nabos tardíos y los pepinos. Al empezar el verano se siembra en las huertas la semilla del brócoli azul —o de Santa Teresa— y del brócoli llamado "oreja de asno" y también se debe proceder a sembrar la simiente de la col repollo y de la col "borrachona" común.

Julio

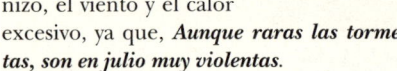

Se aconseja cobijar las hortalizas en alambradas —especialmente las tomateras— para evitar la acción del granizo, el viento y el calor excesivo, ya que, *Aunque raras las tormentas, son en julio muy violentas.*

 En las huertas se siembra la semilla de los rábanos ya que plantados durante este mes no se espigan. También se siembran las semillas de las coles de invierno —especialmente de la col manresana— y de las acelgas blancas, la acelga morada o de invierno, así como del brócoli blanco de Vic, del brócoli de Navidad y del apreciado brócoli de Cuaresma o de Santa Eulalia. Julio es el tiempo más adecuado para plantar las judías altas o trepadoras, como la judía mora o "de la vendeja", las alubias llamadas "de la custodia", las judías "del ganxet" y, también, las judías tardías.

Agosto

Hay que prestar mucha atención a los efectos nocivos del gusano de la tomatera y, también, de la araña roja en las hortalizas y en los árboles frutales. Se debe sacar de los vergeles la fruta dañada para frenar el aumento de la mosca de la fruta. También hay que controlar la acción de la mosca del olivo y, tan pronto como se detecte su presencia, se deben poner parches atrayentes en cada árbol. La vendimia ya se acerca y de ahí el refrán *Agosto hace el mosto.*

 Durante este mes se siembran las simientes del brócoli romano o de San Isidro, de la cebolla temprana blanca, de la col valenciana y de la col "gigante" para el forraje del ganado. También hay que proceder a plantar la semilla del nabo largo blanco, del redondo blanco y del nabo negro.

Septiembre

Al finalizar el verano, y poco antes de iniciar el otoño, hay que prestar atención a la acción dañina de los hongos, ya que podrían estropear la cosecha de los apios. En los bosques se siembran las bellotas y los piñones aprovechando las lluvias otoñales, ya que *Septiembre, o seca las fuentes o se lleva los puentes.*

 En las comarcas más resguardadas se sigue con la siembra de los nabos y, también, con la siembra del hinojo dulce de aliño y de las espinacas destinadas a la Cuaresma. Se siembra la semilla de la cebolla grande dulce, de la col de cucurucho, de los nabos redondos y los nabos negros.

Octubre

Antes de la llegada de los primeros fríos se siembra cereal y forraje destinado al ganado estabulado, especialmente alfalfa y esparceta, en aquellos terrenos que se quieran dejar en barbecho o reposo, recordando que, *En octubre, siembra y la semilla cubre.* Se debe estar atento a la propagación del mildiu, ya que las lluvias otoñales esparcen sus esporas.

 En las huertas se siembra la semilla de la cebolla blanca, la cebolla dulce de Vic, la cebolla roja y, también, de la lechuga larga romana, de la lechuga "alcachofera" y de la lechuga "lengua de buey". Se plantan los nabos redondos blancos, los puerros y ya se pueden trasplantar los esquejes de las alcachofas. También se puede proceder a la poda de los árboles frutales y a injertar los cerezos, ciruelos, manzanos y perales destinados a producir fruta dulce para ser confitada.

Noviembre

Ahora es un buen momento para cavar y abonar la tierra teniendo presente el dicho *No pase noviembre, sin que el labrador siembre.* En los huertos hay que evitar la acción de la oruga de la col y el brócoli, ya que estropea notablemente el follaje.

Si se quiere retrasar la maduración de los caquis, hay que procurar mantener la fruta en el árbol sin cogerla. A finales de mes se puede iniciar la cosecha de las aceitunas si

ya están maduras. También es el momento de trasplantar los árboles frutales y los arbustos de jardín y ornamentales.

 En las huertas hay que plantar la simiente de espinacas, lechuga, escarola, acelgas, guisantes tempranos, puerros y habas. También se siembra la semilla de las borrajas y la cebolla dulce roja, de las variantes de escarola llamadas "cabello de ángel" y "barba de capuchino" y se planta la semilla de los rábanos largos y de los nabos de mesa.

Diciembre

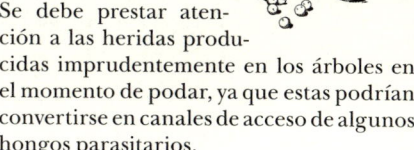

Se debe prestar atención a las heridas producidas imprudentemente en los árboles en el momento de podar, ya que estas podrían convertirse en canales de acceso de algunos hongos parasitarios.

 En los huertos más soleados ya se puede iniciar la siembra temprana de los nabos planos, los rábanos largos, la lechuga escarolada, los ajos y de algunas legumbres, como los guisantes de Llavaneres y las habas de Maó. Hay que procurar que, cuando aparezca el pulgón, este no se aferre a las habas tempranas todavía tiernas, ya que su acción podría afectar al proceso de crecimiento de la planta.

Fray Valentí Serra de Manresa

La influencia de la Luna
en el huerto y el jardín

Al igual que las fases lunares afectan a las mareas, se considera que, ya sea por el efecto de la luz reflejada o por la atracción gravitatoria que ejerce sobre la savia de las plantas, estas se ven afectadas según la fase en la que se encuentra la Luna. Veamos algunos consejos de lo que podemos hacer en nuestro huerto o jardín.

Luna nueva. Periodo de crecimiento lento de las plantas o de reposo. La savia se concentra en las raíces. Es momento de cosechar hierbas aromáticas y medicinales, ya que por la luna nueva se incrementan los olores y los principios activos. También es un buen momento para podar y para plantar tubérculos como zanahorias, nabos, rábanos, remolacha, boniato, jengibre, etc.

Luna creciente. La savia comienza a ascender a las hojas y ramas, lo cual favorece la germinación de las semillas y la producción de frutos. Las hortalizas de fruta, como el tomate, el calabacín, la calabaza, el melón, la berenjena o el pepino, y las de flor como la alcachofa, crecen mejor. Y también las hortalizas de hoja como coles, espinacas, acelgas y lechugas. Es momento de abonar, hacer injertos y cortar esquejes, puesto que la luna creciente puede estimular el crecimiento.

Luna llena. La savia se concentra en los tejidos superiores de las plantas: hojas, frutos y flores. Es momento de cosechar frutos y hortalizas de hoja. No conviene cortar esquejes.

Luna menguante. La savia se concentra en las partes subterráneas de las plantas y se produce un rápido crecimiento de las raíces. Es un buen momento para realizar trasplantes e injertos. También de plantar hortalizas que crezcan a ras de suelo y tubérculos como zanahorias o rábanos.

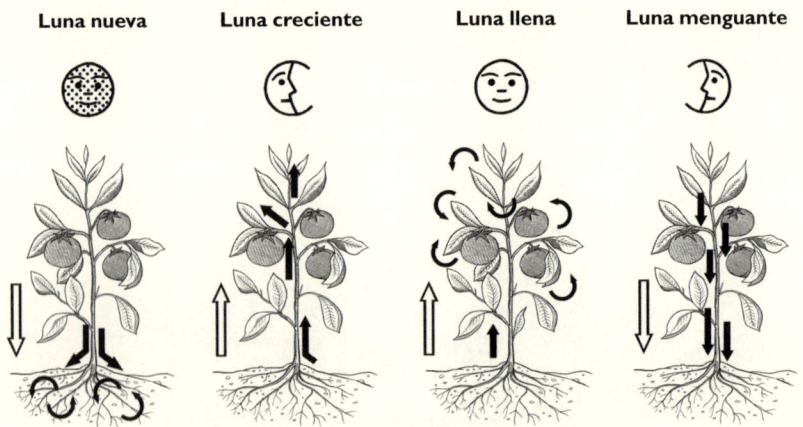

Luna nueva   Luna creciente   Luna llena   Luna menguante

Calendario Estacional
de cosecha de frutas y hortalizas

Invierno	Primavera	Verano	Otoño
Fruta	**Fruta**	**Fruta**	**Fruta**
limón	cereza	albaricoque	almendra
mandarina	fresas	ciruelas	avellana
manzana	limón	higos	caqui
naranja	manzana	melocotón	castaña
	naranja	melocotón plano	granada
Hortalizas	níspero	melón	higos
acelga		moras	limón
alcachofas	**Hortalizas**	nectarina	naranja
apio	acelga	pera	nuez
brócoli de Sta. Teresa	alcachofas	sandía	mandarina
canónigos	ajos		manzana
calçot (cebolleta)	apio	**Hortalizas**	membrillo
chirivía	brócoli	acelga	pera
col de Bruselas	calçot (cebolleta)	ajos	uva
col lombarda	canónigos	berenjena	
col repollo	cebolla	calabacín	**Hortalizas**
col verde	coles	calabaza	acelga
coliflor	coliflor	cebolla	apio
endivia	endivia	escarola	boniato
escarola	escarola	garbanzos	brócoli
espinacas	espárragos	judía tierna	calabaza
frijoles	espinacas	lechuga	col
lechuga	guisantes	lentejas	coliflor
nabo	habas	patata	escarola
puerros	judías	pepino	espinacas
rábano	lechuga	pimientos	lechuga
repollo	patata	remolacha	puerros
	pepino	tomate	rábano
	puerros	zanahoria	remolacha
	tirabeque		zanahoria
	zanahoria		

PRODUCTOS LOCALES: MÁS SANO Y MÁS BUENO

Consumir productos de proximidad y de variedades autóctonas es una manera más sana y saludable de comer, siempre que se respete la temporada de cada producto. Además de beneficiar a los productores locales, también es más sostenible, ya que se evitan transportes y emisiones contaminantes y se favorecen prácticas de cultivo más ecológicas.

ENERO

Sale Se pone

Mes consagrado al Niño Jesús

Sale Se pone

Sale	Se pone		Sale	Se pone
8.18	17.33	**1 Miér.** SOLEMNIDAD DE SANTA MARÍA MADRE DE DIOS. **La imposición del Nombre de Jesús** (también Emmanuel o Manuel). San Concordio, pbro. mr. Sta. Eufrosina, virgen. JORNADA MUNDIAL DE LA PAZ	09.51	19.05
8.18	17.33	**2 Juev.** Stos. Basilio el Magno y Gregorio Nazianzeno, obs. y drs.; Macario y Adelardo, abs. *Conmemoración de la venida de María Santísima a Zaragoza.*	10.26	20.19
8.18	17.34	**3 Vier.** Stos. Antero, papa mr.; Daniel de Padua, mr. Sta. Genoveva, vg. *El Santísimo Nombre de Jesús.*	10.55	21.34
8.18	17.35	**4 Sáb.** Stos. Tito y Rigoberto, obs.; Odilón, ab. de Cluny. Sta. Ángela de Foligno, rel.	11.20	22.47
8.18	17.36	**5 Domingo** *Segundo después de Navidad.* Stos. Telesforo papa; Simeón Estilita, anacoreta. Bto. Diego José de Cádiz, capuchino. Sta. Emiliana, vg.	11.42	23.59
8.18	17.37	**6 Lun.** ✠ **EPIFANÍA DEL SEÑOR y adoración de los Santos Reyes Melchor, Gaspar y Baltasar** (también Adoración o Dora); Nuestra Sra. de los Reyes (*en Santa María del Pi de Barcelona*). Stos. Melanio, ob. y Nilamón. Sta. Macra, vg. mr.	12.05	** **
8.17	17.38	**7 Mar.** Stos. **Raimundo de Peñafort, dominico**; Julián de Toledo, ob.; Crispín, ob. mr.; Tillón (cat. Tell), abad.	12.28	01.13
		☽ **CUARTO CRECIENTE** *a 12 h 56 min de la noche en Aries. Tiempo anticiclónico y noches de escarcha.*		
8.17	17.39	**8 Miér.** Stos. Apolinar, ob.; Severino, ab.; Eladio y Teofilo, mrs.; Pedro Tomás, ob. Sta. Gúdula, vg.	12.55	02.28
8.17	17.40	**9 Juev.** Stos. Eulogio de Córdoba, pbro. mr.; Julián y Basilisa, esposos mrs.; Marcelino, ob. Sta. Gúdula, vg.	13.27	03.44
8.17	17.41	**10 Vier.** Stos. Agatón, papa; Nicanor, diácono; Pedro Urseolo (monje de San Miguel de Cuixá); beato Gregorio X papa.	14.06	05.02
8.17	17.42	**11 Sáb.** Stos. Higinio, papa mr.; Alejandro y Salvio, obispos mrs. Stas. Honorata y Hortensia, vgs. Beata Ana Maria Janer, rel. fund.	14.56	06.16
8.16	17.43	**12 Domingo** *El bautismo de Jesús.* Stos. Arcadio, mr.; Nazario, mje.; Victorián, ab.; Bernardo de Corleone, capuchino; Elredo, mje. Sta. Tatiana, mr.	15.57	07.22
8.16	17.45	**13 Lun.** Stos. Hilario de Poitiers, ob. y dr.; Gumersindo, pbro. mr. Sta. Verónica de Benasco, vg. COMIENZA LA "SEMANA DE LOS BARBUDOS"	17.06	08.16
		☺ **LUNA LLENA** *a 11 h 26 min de la noche en Cáncer. Bajada de temperaturas. Nevadas en las cumbres.*		
8.16	17.46	**14 Mar.** Stos. Juan de Ribera, ob.; Malaquías, profeta; Devasahayam, mr. Sta. Macrina, matrona.	18.17	08.59
8.15	17.47	**15 Miér.** Santos **Pablo, primer ermitaño en Tebas**; Efisio, mr.; Habacuc y Miqueas, profetas; Mauro (cat., Maure o Mauri), ab. Sta. Secundina, vg. mr.	19.28	09.33

Agua de enero, todo el año tiene tempero.

Agua de nube, a unos los baja y a otros los sube.

Selección de dichos a cargo de Víctor PÀMIES,
lingüista especializado en paremiología.

ENERO

Sale	Se pone	Mes consagrado al Niño Jesús	Sale	Se pone
8.15	17.48	**16 Juev.** Stos. Marcelo I, papa mr.; Berardo y compañeros mártires; Fulgencio, ob.; Honorato de Arles, ob. Sta. Priscila, matrona.	20.36	10.00
8.14	17.49	**17 Vier.** San **Antonio el Grande, abad.** Stas. Leonila, mr. y Rosalina de Vilanova, cartujana.	21.40	10.22
8.14	17.50	**18 Sáb.** San Volusiano, ob. Sta. Prisca, mr. *Inicio del octavario de oraciones para la unidad de los cristianos.*	22.43	10.42
8.13	17.51	**19 Domingo** *II del tiempo ordinario.* Stos. Basiano, ob.; Canuto, rey; Mario y Marta, y sus hijos Audifaz y Abacuo, mrs. Stas. Pía y Germana, mrs.	23.43	11.00
8.12	17.53	**20 Lun.** Stos. Fabián, papa y Sebastián, tribuno romano mrs.	** **	11.19
		☀ *SOL EN ACUARIO*		
8.12	17.54	**21 Mar.** Stos. **Fructuoso (cat., Fruitós), ob. de Tarragona** y sus diáconos Augurio y Eulogio, mrs. Sta. Inés, vg. mr.	00.44	11.38
		☾ **CUARTO MENGUANTE** *a 9 h 30 min de la noche en Escorpio. Nubes delgadas y humedad.*		
8.11	17.55	**22 Miér.** Stos. Vicente, diácono. mr. en Valencia; Oroncio, Vicente y Víctor de Girona, mártires del siglo III.	01.46	12.00
8.10	17.56	**23 Juev.** Stos. Ildefonso (cat., Ildefons o Alfons), ob. de Toledo; Clemente, ob. mr.; Francisco Gil de Frederic, dominico mr. en Tonquín; Severiano y Aquilano, mrs. Sta. Emerenciana, vg. mr. *Los desposorios de Nuestra Señora.*	02.50	12.26
8.10	17.58	**24 Vier.** Stos. Francisco de Sales, ob. y dr.; Feliciano, ob. mr.	03.55	12.59
8.09	17.59	**25 Sáb. La Conversión de San Pablo, apóstol.** San Ananias, mr. Sta. Elvira vg. mr.	05.00	13.39
8.08	18.00	**26 Domingo** *III del tiempo ordinario.* Stos. Timoteo y Tito, obs. Sta. Paula (o Pola), vda. mja.	06.02	14.31
8.07	18.01	**27 Lun.** Sta. Ángela de Mérici, vg. fund. Stos. Emerio (cat. Mer) abad de Banyoles; Enrique de Ossó, pbro. fund.; Vitaliano, papa.	06.58	15.33
8.06	18.03	**28 Mar.** Sto. Tomás de Aquino, dominico y dr.; Valerio, Flaviano y Tirso, mrs.	07.45	16.44
8.06	18.04	**29 Miér.** Stos. **Pedro Nolasco, fund.**; Julián obispo de Cuenca; Constancio y Valero, obs.	08.24	18.00
		☽ **LUNA NUEVA** *a 1 h 36 min del mediodía en Acuario. Viento frío.*		
8.05	18.05	**30 Juev.** Stas. Martina, vg. mr.; Batilde, reina; Jacinta de Mariscotti, vg.	08.55	19.17
8.04	18.06	**31 Vier.** San Juan Bosco, pbro. fund.; Bernardo Travesser, dominico mr. Sta. Marcela, vda.	09.22	20.33

PISCIS

FEBRERO

Sale Se pone

Mes consagrado a la Purificación de la Santísima Virgen

Sale Se pone

Sale	Se pone		Sale	Se pone
8.03	18.08	**1 Sáb.** San Cecilio, ob. mr. Sta. Brígida de Irlanda, vg.	09.46	21.48
8.02	18.09	**2 Domingo** *IV del tiempo ordinario*. LA PRESENTACIÓN DEL SEÑOR y la Purificación de Nuestra Sra. (*la Candelaria*), Nuestra Señora de la Ayuda (Barcelona); de la Candela (Valls). Sta. Catalina de Ricci, rel. *Jornada Mundial de la Vida Consagrada*.	10.09	23.03
8.01	18.10	**3 Lun.** San Blas, ob. mr. y Anscario (Óscar), ob. Stas. Celerina, mr.; Claudina Thévenet, fund.	10.32	** **
8.00	18.11	**4 Mar.** Stos. Andrés Corsini, ob.; Gilberto, mje.; José de Leonisa, capuchino; Juan de Britto, mr. Stas. Verónica (o Berenice); Juana de Valois, reina fund.	10.58	00.18
7.58	18.13	**5 Miér.** Stas. Ágata (o Águeda), vg. mr.; Alicia (o Adelaida), abadesa; Calamanda, vg. mr.	11.28	01.35

        CUARTO CRECIENTE *a 9 h 2 min de la mañana en Tauro. Temperaturas suaves. Nuboso.*

Sale	Se pone		Sale	Se pone
7.57	18.14	**6 Juev.** Stos. Pablo Miki, Pedro Bautista y comps. mrs. del Japón. Sta. Dorotea, vg. mr. *El Santo Misterio de Cervera*.	12.04	02.51
7.56	18.15	**7 Vier.** San Ricardo, rey; Stas. Juliana vda.; Coleta, vg.	12.50	04.06
7.55	18.16	**8 Sáb.** San Jerónimo Emiliano, fund.; Stas. Josefina Bakita, rel.; Elisenda, vg.	13.46	05.13
7.54	18.18	**9 Domingo** *V del tiempo ordinario*. Stos. Nicéforo, mr.; Sabino, ob. Sta. Apolonia, vg. mr.	14.51	06.11
7.53	18.19	**10 Lun.** Stas. Escolástica, vg.; Sotera, vg. mr. San Silvano, ob.	16.01	06.57
7.51	18.20	**11 Mar.** Stos. Pascual I, papa; Benito de Aniano, abad. *La aparición de Nuestra Sra. en Lourdes*.	17.11	07.33
7.50	18.21	**12 Miér.** SANTA EULALIA (o Eularia) vg. mr., patrona de Barcelona. Beata Humbelina vda. Stos. Julián, mr.; Damián, soldado mr.	18.20	08.01

        LUNA LLENA *a 2 h 53 min de la tarde en Leo. Despejado.*

Sale	Se pone		Sale	Se pone
7.49	18.23	**13 Juev.** San Benigno, pbro. mr. Stas. Fusca, vg. mr.; Maura, mr.	19.26	08.25
7.47	18.24	**14 Vier.** Stos. Cirilo, mje. y Metodio, ob., hermanos, copatrones de Europa; Valentín, pbro. mr. en Roma; Valentín, ob. y mr. en Sant Benet de Bages.	20.29	08.45

Agua de febrero
llena el granero.

───── ❧ ─────

Lluvia en febrero,
buen prado y buen centeno.

Sale	Se pone	FEBRERO Mes consagrado a la Purificación de la Santísima Virgen	Sale	Se pone
7.46	18.25	**15 Sáb.** Santos Faustino y Jovita, hermanos mrs.; Claudio de La Colombière, jesuita. Sta. Georgia (cat. Georgina), vg.	21.31	09.04
7.45	18.26	**16 Domingo** *VI del tiempo ordinario*. Stos. Onésimo, ob.; Faustino, ob. Sta. Juliana de Nicomedia, vg. mr.	22.32	09.22
7.43	18.28	**17 Lun.** Los siete santos fundadores de la orden de los servitas; Stos. Alexis, rel.; Rómulo, mr.; Silvino, ob. *La huída de N.S.J.C. a Egipto*.	23.33	09.41
7.42	18.29	**18 Mar.** Stos. Eladio, ob.; Simeón, ob. mr. Beato Juan de Fiésole (*Fray Angélico*). Santa Bernadita Soubirous, vidente de Lourdes. ☀ *SOL EN PISCIS*	** **	10.02
7.41	18.30	**19 Miér.** Stos. Conrado de Piacenza, ermitaño; Gabino, pbro. mr.; Álvaro de Córdoba, dominico.	00.36	10.26
7.39	18.31	**20 Juev.** Stos. Nemesio y Potamio, mrs.; Eleuterio, ob. Beato Mauricio Proeta, rel. Agustino nacido en Castelló d'Empúries. ☾ **CUARTO MENGUANTE** *a 6 h 32 min de la tarde en Sagitario. Tiempo inestable.*	01.40	10.55
7.38	18.33	**21 Vier.** San Pedro Damián, ob. y dr.; Severiano, ob. mr. *Fiesta de la «Misteriosa Llum», en Manresa*.	02.45	11.31
7.36	18.34	**22 Sáb.** La Cátedra de San Pedro, apóstol. Sta. Eleonor (o Leonor), reina.	03.47	12.17
7.35	18.35	**23 Domingo** *VII del tiempo ordinario*. Stos. Policarpo, ob. mr.; Florencio, confesor. Sta. Marta de Astorga, vg. mr.	04.45	13.14
7.33	18.36	**24 Lun.** Stos. Edilberto, rey; Modesto, ob.; Sergio, mje. mr. Sta. Primitiva, mr.	05.36	14.20
7.32	18.37	**25 Mar.** Stos. Cesario, médico mr. Sta. Walburga, abadesa.	06.18	15.34
7.30	18.39	**26 Miér.** Stos. Alejandro, ob.; Néstor, ob. mr.; Porfirio, ob. mr. Sta. Paula Montal, fundadora.	06.52	16.51
7.29	18.40	**27 Jueves** *Lardero*. Stos. Gabriel de la Dolorosa, pasionista; Baldomero, subdiácono. Sta. Honorina, vg.	07.22	18.08
7.27	18.41	**28 Vier.** San Román, ab. Stos. Serapión, Rufino y Teófilo, mrs.; Hilario, papa. ● **LUNA NUEVA** *a 1 h 44 min de la noche en Piscis. Soleado.*	07.47	19.26

ARIES

MARZO

Sale	Se pone	Mes consagrado al Patriarca San José	Sale	Se pone
7.26	18.42	**I Sáb.** Stos. Rosendo, ob.; Abundancio, mr.; Albino de Vercelli, ob. Stas. Eudocia y Antonina, mrs. *El Santo Ángel de la Guarda*.	08.11	20.43
7.24	18.44	**2 Domingo** *VIII del tiempo ordinario*. Stos. Absalón, mr.; Lucio, ob. mr. Stas. Genaria, mr.; Inés de Praga, rel. INICIO DEL CARNAVAL	08.34	22.01
7.23	18.45	**3 Lun.** Stos. **Medín (cat. Medir), labrador**; Celedonio y Emeterio mrs. Stas. Cunegunda, emperatriz; Marcia, vg. mr.	09.00	23.20
7.21	18.46	**4 Mar.** Stos. Casimiro, rey; Lucio I, papa mr.; Néstor, Eterio, Arcadio, Capitón y Efrén, mrs.	09.29	** **
7.19	18.47	**5 Miércoles** *de Ceniza*. Stos. Focas, mr.; Juan José de la Cruz, franciscano.	10.04	00.40
7.18	18.48	**6 Juev.** Stos. **Olegario (cat., Oleguer), obispo de Barcelona y arzobispo de Tarragona**; Víctor y Victoriano, mrs; Virgilio, ob.	10.47	01.57

CUARTO CRECIENTE *a 5 h 31 min de la tarde en Géminis.*
Lluvias y nieve en las montañas.

Sale	Se pone		Sale	Se pone
7.16	18.49	**7 Vier.** Stas. Perpetua y Felicidad, mrs. San Teófilo, ob.	11.40	03.07
7.15	18.50	**8 Sáb.** Stos. Juan de Dios, fund.; Julián de Toledo, arzob.; Veremundo (Bermudo de Irache), abad. Sta. Aurelia de Niza, mr.	12.43	04.08
7.13	18.52	**9 Domingo** *I de Cuaresma*. Stos. **Paciano, ob. de Barcelona**; Gregorio Niseno, ob. Sta. Francisca Romana, viuda.	13.51	04.56
7.11	18.53	**10 Lun.** Los Cuarenta Mártires de Sebaste. Stos. Cayo, mr.; Cándido, mr.; Macario, ob.; Melitón, mr.; Simplicio, papa.	15.00	05.35
7.10	18.54	**11 Mar.** Stos. Eulogio de Córdoba, pbro. mr.; Sofronio, ob. Stas. Áurea (Oria), ab.; Rosina de Wenglingen, vg. mr.	16.09	06.05
7.08	18.55	**12 Miér.** Stos. Inocencio I, papa; Teófanes, mje.	17.15	06.29
7.06	18.56	**13 Juev.** Stos. Nicéforo, ob. mr.; Ramiro, mje.; Rodrigo, pbro. mr.; Salomón, mr. Stas. Patricia, mr.; Cristina, vg. mr.	18.18	06.50
7.05	18.57	**14 Vier.** Stos. Afrodisio mr. Stas. Florentina, vg.; Matilde de Saxonia, reina.	19.20	07.09

LUNA LLENA *a 7 h 54 min de la mañana en Virgo.*
Buen tiempo y temperaturas frescas.
Eclipse total de Luna.

Sale	Se pone		Sale	Se pone
7.03	18.58	**15 Sáb.** Stas. **Madrona, copatrona de Barcelona**, vg. mr.; Luisa de Marillac, fund. San Raimundo de Fitero, ab. fund.	20.21	07.28
7.01	18.59	**16 Domingo** *II de Cuaresma*. Stos. Abraham, ermitaño; Heriberto de Colonia ob.; Hilario, ob. mr. Sta. Eusebia, ab.	21.23	07.46

AMETLLES
Vicens
VILAGRASSA

El fruit de la nostra terra

AMETLLES VICENS
d. Comas, 109
5330 Vilagrassa (Lleida)
el. 973 50 16 04

www.ametllesvicens.com

2025

Enero

L	M	M	J	V	S	D
		1	2	3	4	5
6	7	8	9	10	11	12
13	14	15	16	17	18	19
20	21	22	23	24	25	26
27	28	29	30	31		

Febrero

L	M	M	J	V	S	D
					1	2
3	4	5	6	7	8	9
10	11	12	13	14	15	16
17	18	19	20	21	22	23
24	25	26	27	28		

Marzo

L	M	M	J	V	S	D
					1	2
3	4	5	6	7	8	9
10	11	12	13	14	15	16
17	18	19	20	21	22	23
24/31	25	26	27	28	29	30

Abril

L	M	M	J	V	S	D
	1	2	3	4	5	6
7	8	9	10	11	12	13
14	15	16	17	18	19	20
21	22	23	24	25	26	27
28	29	30				

Mayo

L	M	M	J	V	S	D
			1	2	3	4
5	6	7	8	9	10	11
12	13	14	15	16	17	18
19	20	21	22	23	24	25
26	27	28	29	30	31	

Junio

L	M	M	J	V	S	D
						1
2	3	4	5	6	7	8
9	10	11	12	13	14	15
16	17	18	19	20	21	22
23/30	24	25	26	27	28	29

"Más vale un hoy que diez mañanas"

CALENDARI L'ERMITÀ

2025

Julio

L	M	M	J	V	S	D
	1	2	3	4	5	6
7	8	9	10	11	12	13
14	15	16	17	18	19	20
21	22	23	24	25	26	27
28	29	30	31			

Agosto

L	M	M	J	V	S	D
				1	2	3
4	5	6	7	8	9	10
11	12	13	14	15	16	17
18	19	20	21	22	23	24
25	26	27	28	29	30	31

Septiembre

L	M	M	J	V	S	D
1	2	3	4	5	6	7
8	9	10	11	12	13	14
15	16	17	18	19	20	21
22	23	24	25	26	27	28
29	30					

Octubre

L	M	M	J	V	S	D
		1	2	3	4	5
6	7	8	9	10	11	12
13	14	15	16	17	18	19
20	21	22	23	24	25	26
27	28	29	30	31		

Noviembre

L	M	M	J	V	S	D
					1	2
3	4	5	6	7	8	9
10	11	12	13	14	15	16
17	18	19	20	21	22	23
24	25	26	27	28	29	30

Diciembre

L	M	M	J	V	S	D
1	2	3	4	5	6	7
8	9	10	11	12	13	14
15	16	17	18	19	20	21
22	23	24	25	26	27	28
29	30	31				

"Hay más días que longanizas"

CALENDARI L'ERMITÀ

Felicitación

Un año justo ha pasado,
Y con dicha sin igual,
Muy contento y muy jovial
Mis servicios te he prestado.
Siempre atento y diligente
Lo que mandaste cumplí,
A donde quisiste fuí,
Siempre leal y sonriente,
Y pues llega hoy el día
De las Santas Navidades
Dios te dé felicidades
Con dichas mil y alegría.
Que estas fiestas del turrón,
Del pavo y de los barquillos
Con tu gente y tus chiquillos
Los pases con ilusión.

El Panadero

NAVIDAD

Tiene esta tradición un alma errante
que todo humano ser viva mantiene
y en nuestra lucha de almas se detiene
como un iris de paz vivificante.
Del año al declinar agonizante
a renacer la Natividad viene...
Con todo el corazón, que es cuanto tiene
feliz os la desea   EL VIGILANTE.

NADAL

Te aquesta tradició una anima errant
que tota humanitat viva manté.
La nostra lluita d'ànimes deté
com un iris de pau vivificant.
Del any al declinar agonitzant
a renèixer el Nadal altre cop bé...
Amb tot el cor perquè res més no té
feliç us el desitja   EL VIGILANT

RRRR

43a Festa de la Ratafia
Santa Coloma de Farners

8 — 10 / nov. / 2024
ratafia.cat

Ajuntament de
Santa Coloma
de Farners

Diputació
de Girona

CONFRARIA
RATAFIA
SANTA COLOMA DE FARNERS

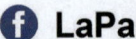

Tots fem pagesia.
Pren-ne part!

AMICS AMIGUES PAGESIA DE LA

amicsamigues.org
@amicsamigues

Amics Amigues de la Pagesia és un projecte
de la Fundació Unió de Pagesos de Catalunya.

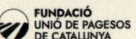
FUNDACIÓ
UNIÓ DE PAGESOS
DE CATALUNYA

Amics Amigues
de la Pagesia felicita els
150 anys de la publi-
cació del Calendari de
l'Ermità!

Arco iris al mediodía,
llueve todo el día.

Cuando marzo vuelve el rabo,
ni deja carnero encerrado ni pastor enzamarrado.

MARZO

Mes consagrado al Patriarca San José

Sale	Se pone		Sale	Se pone
7.00	19.01	**17 Lun.** Stos. Patricio, ob.; José de Arimatea; Sta. Gertrudis de Brabante, vg. ab.	22.25	08.06
6.58	19.02	**18 Mar.** Stos. Cirilo de Jerusalén, ob. y dr.; Salvador de Horta, franciscano; Anselmo, ob.	23.29	08.29
6.56	19.03	**19 Miér.** SAN JOSÉ ESPOSO DE LA VIRGEN MARÍA, patrón de la Iglesia. Stos. Amancio, diácono mr.; Quinto, mr.	** **	08.55
6.55	19.04	**20 Juev.** Stos. Ambrosio de Siena, dominico mr.; Juan Nepomuceno, pbro. mr. Stas. Eufemia y Alejandra, mrs.; Fotina, la samaritana.	00.33	09.28
		SOL EN ARIES (equinoccio) *Empieza la PRIMAVERA a las 10 h 1 min.*		
6.53	19.05	**21 Vier.** San Filemón, mr. Sta. Fabiola, matrona romana. *El traspaso de San Benito, abad.*	01.35	10.10
6.51	19.06	**22 Sáb.** Stos. Epafrodito; Zacarías, papa; Deogracias y Bienvenido, obs.; Octaviano, mr. Sta. Lea, viuda. DIA MUNDIAL DEL AGUA	02.34	11.00
		CUARTO MENGUANTE a 12 h 29 min del mediodía en Capricornio. *Tiempo variable y viento.*		
6.49	19.07	**23 Domingo** *III de Cuaresma.* Santos **José Oriol**, pbro.; Toribio de Mogrovejo, ob.; Sta. Aquila, mr.	03.27	12.01
6.48	19.08	**24 Lun.** Stos. **Cipriano arz. de Tarragona**; Simeón, niño mr. Stas. Berta, vg.; Catalina de Suecia, mr.	04.11	13.10
6.46	19.09	**25 Mar.** LA ANUNCIACIÓN A MARÍA Y LA ENCARNACIÓN DEL SEÑOR. San Humberto, ab. Sta. Dula, mr.	04.48	14.24
6.44	19.10	**26 Miér.** San Braulio, ob. de Zaragoza. Beato Pedro Marginet, monje de Poblet. Sta. Máxima, mr.	05.19	15.40
6.43	19.12	**27 Juev.** Stos. Alejandro, soldado mr.; Juan, ermitaño; Ruperto, ob. Sta. Lidia, mr.	05.46	16.57
6.41	19.13	**28 Vier.** Stos. Doroteo, mr.; Gontran, rey; Esteban, abad.	06.10	18.14
6.39	19.14	**29 Sáb.** Stos. Armogasto, conde mr.; Cirilo, diácono mr.; Eustasio, ab. Sta. Gladis, reina.	06.34	19.33
		LUNA NUEVA a 11 h 57 min del mediodía en Aries. *Mucho frío y precipitaciones.* *Eclipse parcial de Sol.*		
7.38	20.14	**30 Domingo** *IV de Cuaresma.* Stos. Juan Clímaco, ab.; Quirino, tribuno mr.; Régulo, ob.	07.59	21.54
7.36	20.16	**31 Lun.** Stos. Guido, abad; Amós, profeta; Benjamín, diácono mr. Beato Amadeo, duque de Saboya, conf. Sta. Balbina, vg.	08.27	23.17

1 h.

TAURO

ABRIL

☀ Sale Se pone   Mes consagrado a los Dolores y a la Soledad de María Santísima   Sale Se pone

Sale	Se pone		Sale	Se pone
7.34	20.17	**1 Mar.** Stos. Hugo de Grenoble, ob.; Venancio, ob. mr. Sta. Teodora, mr.	09.00	** **
7.33	20.18	**2 Miér.** San Francisco de Paula, fund. Sta. María Egipcíaca, penitente.	09.42	00.38
7.31	20.19	**3 Juev.** San Sixto I, papa mr. Stas. Ágape y Quiónia, vgs. mrs.; Burgundófara (Fara), ab. mr.	10.33	01.55
7.29	20.20	**4 Vier.** Stos. Benedicto de Palermo "el Negro", franciscano; Platón, mje.	11.34	03.01
7.27	20.21	**5 Sáb. San Vicente Ferrer, dominico de Valencia.** Stas. Emilia, vg.; Irene, vg. mr.	12.42	03.55
		☽ **CUARTO CRECIENTE** *a 4 h 14 min de la noche en Cáncer. Soleado y temperaturas suaves.*		
7.26	20.22	**6 Domingo** *V de Cuaresma.* Stos. Guillermo, ab.; Marcelino, mr.	13.52	04.36
7.24	20.23	**7 Lun.** Stos. Juan Bta. de la Salle, fund.; Epifanio, ob. mr.; Saturnino, ob.	15.01	05.09
7.23	20.24	**8 Mar.** Stos. Juan de Organyá, mje.; Amancio y Dionisio, obs. Stas. Máxima y Macaria, mrs.	16.08	05.35
7.21	20.25	**9 Miér.** Stos. Hilario, ob. mr.; Hugo y Marcelo, obs. Sta. María de Cleofás.	17.11	05.57
7.19	20.26	**10 Juev.** Stos. Ezequiel, profeta; Terencio y Pompeyo, mrs.; Dimas, el buen ladrón.	18.12	06.16
7.18	20.27	**11 Vier.** Stos. Estanislao, ob. de Cracovia, mr.; Isaac, mje. *Los Siete Dolores de la Virgen (Dolores, Lola, Soledad, María de la Cruz).*	19.13	06.34
7.16	20.29	**12 Sáb.** Stos. Damián, ob.; Julio I, papa; Víctor, mr.; Zenón, ob. mr. Sta. Visia, vg. mr.	20.14	06.52
7.15	20.30	**13 Domingo** *de Ramos.* Stos. Martín I, papa mr.; Hermenegildo, mr.; Urso, mr.	21.16	07.12
		☺ **LUNA LLENA** *a 2 h 22 m de la noche en Libra.* *(Luna de Pascua)* *Lluvias.*		
7.13	20.31	**14 Lun.** *Santo.* Stos. Máximo, Tiburcio y Valeriano, mrs.; Lamberto, ob. Sta. Domnina, mr.	22.19	07.33
7.12	20.32	**15 Mar.** *Santo.* Stos. Crescento, mr.; Telmo, dominico (Pedro González Telmo); Damián de Veuster, apóstol de los leprosos. Stas. Anastasia y Basilisa, mrs.	23.23	07.59
7.10	20.33	**16 Miér.** *Santo.* Stos. Toribio de Liébana, ob.; Benito José Labre, mendigo; Evencio, mr. Sta. Engracia de Zaragoza, vg. mr.	** **	08.29
7.08	20.34	**17 Juev.** *Santo.* Stos. Aniceto, papa mr.; Roberto de Molesmes, ab.	00.26	09.07

Cuando llueve y hace sol,
coge el caracol.

———— ⚔ ————

Las aguas de abril todas caben en un barril;
pero si el barril se quiebra,
ni en el mar ni en la tierra.

☀ Sale	Se pone	**ABRIL** Mes consagrado a los Dolores y a la Soledad de María Santísima	🌙 Sale	Se pone
7.07	20.35	**18 Vier.** *Santo.* Stos. Apolonio, senador mr.; Eleuterio, ob. mr.; Perfecto, pbro. mr. Beato Andrés Hibernón, franciscano.	01.27	09.54
7.05	20.36	**19 Sáb.** *Santo.* Stos. Expedito, mr.; León IX, papa; Vicente de Cotlliure y Sócrates, mrs.	02.21	10.51
7.04	20.37	**20 Domingo PASCUA DE RESURRECCIÓN** (onomástica: Gloria). Stos. Suplicio y Serviliano, mrs. Sta. Inés de Montepulciano, dominica.	03.07	11.55
		☀ *SOL EN TAURO*		
7.02	20.38	**21 Lun.** *de Pascua.* Stos. Anselmo de Canterbury, ob.y dr.; Silvino, mr.; Conrado de Parzham, capuchino. *Nuestra Señora de la Alegría.*	03.46	13.05
		☾ **CUARTO MENGUANTE** *a 3 h 35 min de la noche en Acuario.* Despejado.		
7.01	20.39	**22 Mar.** Stos. Cayo y Sotero, papas mrs.; Apeles, mr. Sta. Senorina, ab. *El Santo Cristo de Igualada.*	04.18	14.17
6.59	20.40	**23 Miér.** SAN JORGE (Jordi, Jordina y Georgina), soldado mr. Patrón secundario de Cataluña. Adalberto, ob. mr.; Gerardo, ob.; beato Gil de Assís, franciscano.	04.45	15.31
6.58	20.42	**24 Juev.** Stos. Fidel de Sigmaringen, capuchino mr.; Pedro Ermengol, mercedario mr.; Benito Menni, fund. *La Conversión de San Agustín.*	05.10	16.46
6.57	20.43	**25 Vier.** Stos. Marcos, evangelista; Aniano, ob. Sta. Calixta, mr.	05.33	18.03
6.55	20.44	**26 Sáb.** Stos. Isidoro de Sevilla, ob. y dr.; Cleto I (o Anacleto) y Marcelino, papas mrs. Sta. Engracia, vg. mr. *Nuestra Sra. del Buen Consejo.*	05.57	19.22
6.54	20.45	**27 Domingo** *II de Pascua o de la Divina Misericordia.* NUESTRA SRA. DE MONTSERRAT, patrona principal de Cataluña. San Tertuliano, ob. Sta. Zita, vg.	06.23	20.45
		🌑 **LUNA NUEVA** *a 9 h 31 min de la noche en Tauro.* Nuboso.		
6.52	20.46	**28 Lun.** Stos. Pedro Chanel, pbro. mr.; Luís M. Grignion de Montfort, pbro.; Vidal y Valeria, esposos mrs.; Prudencio, ob. Beato Luquesio. Sta. Teodora, vg. mr.	06.54	22.09
6.51	20.47	**29 Mar.** Sta. Catalina de Siena, vg. y dra. Stos. Hugo y Roberto, abs.	07.32	23.31
6.50	20.48	**30 Miér.** Stos. Pío V, papa; Amador, pbro. mr.; José Benito Cottolengo, fund.; Pomponio, ob.; Indalecio, ob. mr. Sta. Sofía vg. mr.	08.20	** **

GEMINIS

☼
Sale Se pone

MAYO

Mes consagrado a María, Madre del Bello Amor

🌙
Sale Se pone

Sale	Se pone		Sale	Se pone
6.48	20.49	**1 Juev.** Stos. **José Obrero**; Jeremías, profeta; Andéolo, subdiácono mr.; Orencio, ob.; Segismundo, rey mr. Stas. Paciencia, mr.; Grata, vda.	09.19	00.45
6.47	20.50	**2 Vier.** Stos. Atanasio, ob. y dr.; Félix, diácono mr. Stas. Zoe, mr.; Mafalda, infanta de Portugal. *Nuestra Señora de Araceli.*	10.27	01.46
6.46	20.51	**3 Sáb.** Stos. **Felipe y Jaime el Menor, apóstoles**; Alejandro I, papa mr.; Evencio y Teódulo mrs.; Juvenal, ob. *El hallazgo o invención de la Santa Cruz.*	11.39	02.33
6.45	20.52	**4 Domingo** *III de Pascua.* Stos. Silvano ob. mr.; Paulino y Floriano, mrs.; Gotardo y Venerio, obs.; Ceferino Jiménez "el Pelé", mr.	12.50	03.10

🌓 **CUARTO CRECIENTE** *a 3 h 51 min de la tarde en Leo.*
Aguaceros dispersos.

Sale	Se pone		Sale	Se pone
6.43	20.53	**5 Lun.** Stos. Ángel de Sicilia, carmelita mr.; Teodoro, ob.; beato Salvio Huix, ob. mr. Sta. Crescenciana, mr.	13.58	03.38
6.42	20.54	**6 Mar.** El martirio de San Juan apóstol y evangelista, *ante Portam Latinam.* Sto. Domingo Savio. Sta. Benita, vg.	15.03	04.02
6.41	20.55	**7 Miér.** Stos. Eovaldo, Cuadrado y Sixto, mrs.; Benedicto II, papa. Sta. Gisela, reina.	16.05	04.22
6.40	20.56	**8 Juev. El Patrocinio de la B. Virgen María.** *María Medianera de todas las Gracias. Nuestra Sra. de Pompeya. Nuestra Sra. del Toro en Menorca.* Stos. Acacio y Víctor, mrs.; Bonifacio IV, papa; Eladio, ob. *La aparición de San Miguel Arcángel en el Gárgano.*	17.06	04.40
6.39	20.58	**9 Vier.** Stos. Geroncio, ob. mr.; Gregorio de Berrueza, ob.; Hermas, confesor; Pacomio, abad. Sta. Casilda, vg.; Catalina de Bolonia, rel.	18.07	04.59
6.38	20.59	**10 Sáb.** San Juan de Ávila, pbro. y dr.; Job, profeta; Antonino de Florencia, ob. Beata Beatriz, vg. *La Divina Pastora. Nuestra. Sra. de los Desamparados.*	19.08	05.18
6.36	21.00	**11 Domingo** *IV de Pascua. Dominica del Buen Pastor.* (✠ *en Lérida*) Stos. **Anastasio, mr.**; Mamerto, ob. mr.; Ignacio de Láconi, capuchino; **Ponce** (cat. Ponç), **ob. mr.**, patrón de los herbolarios y apicultores.	20.11	05.38
6.35	21.01	**12 Lun.** Stos. Pancracio, mr.; Aquileo y Nereo, mrs.; Domingo de la Calzada; Leopoldo de Castelnuovo. Sta. Domitila, vg. mr.	21.15	06.03

😊 **LUNA LLENA** *a 6 h 56 min de la tarde en Escorpio.*
Despejado.

Sale	Se pone		Sale	Se pone
6.34	21.02	**13 Mar.** Stos. Mucio (cat. Muç o Muci) mr.; Pedro Regalado, franciscano. Beata Imelda Lambertini, vg. Nuestra Sra. del Rosario de Fátima.	22.19	06.32
6.33	21.03	**14 Miér.** Stos. **Matías, apóstol**; Bonifacio, mr. Sta. Gemma Galgani, vg.	23.20	07.07
6.32	21.04	**15 Juev.** Stos. **Isidro, labrador**, patrón de los agricultores; Torcuato y Eufrasio obs. mrs. Sta. Juana de Lestonnac, fund.	** **	07.52

Lluvia en primavera,
verano en sequera.

───────── ⌘ ─────────

Pasión descubierta,
agua a torrentes.

☀		MAYO	☽	
Sale	*Se pone*	Mes consagrado a María, Madre del Bello Amor	*Sale*	*Se pone*
6.31	21.05	**16 Vier.** Stos. Honorato, ob.; Simón Stock, carmelita. Sta. Margarita de Cortona, penitente.	00.16	08.45
6.30	21.06	**17 Sáb.** Stos. Pascual Bailón, franciscano; Aquilino, mr. Sta. Restituta, vg. mr.	01.05	09.47
6.30	21.07	**18 Domingo** *V de Pascua.* Stos. Juan I, papa mr.; Venancio, mr.; Próspero, ob.; Félix de Cantalicio, capuchino.	01.45	10.54
6.29	21.08	**19 Lun.** Stos. Ivo (cat. Iu), pbro.; Pedro Celestino, papa; Francisco Coll, dominico fund.; Crispín de Viterbo, capuchino. Sta. Ciríaca, vg. mr.	02.19	12.05
6.28	21.08	**20 Mar.** Stos. Bernardino de Siena, franciscano; Baudilio (cat. Boi), mr. Sta. Basilia, vg.	02.47	13.16
		☾ **CUARTO MENGUANTE** *a 1 h 58 min de la tarde en Acuario.* *Lluvias dispersas.*		
6.27	21.09	**21 Miér.** Stos. Secundino, mr.; Valiente, ob., mr. Sta.Virginia, vda.	03.11	14.28
		☀ **SOL EN GÉMINIS**		
6.26	21.10	**22 Juev.** Stas. Joaquina de Vedruna, fund.; Rita de Casia, agustina; Quiteria y Julia, vgs. mrs. Stos. Atón y Marciano, obs.	03.34	15.41
6.25	21.11	**23 Vier.** Stos. Desiderio y Mercurial, obs.; Juan Bta. de Rossi, pbro. fund.	03.57	16.56
6.25	21.12	**24 Sáb.** Stos. Donaciano y Rogaciano, mrs.; Vicente de Lerins, pbro. Stas. Susana y Afra, mrs. *María Auxiliadora.*	04.21	18.15
6.24	21.13	**25 Domingo** *VI de Pascua.* Stos. Beda el Venerable, mje. y dr.; Urbano I, papa mr.; Gregorio VII, papa. Stas. María Magdalena de Pazzi, carmelita; Magdalena Sofía Barat, fund.	04.49	19.37
6.23	21.14	**26 Lun.** Stos. Felipe Neri, fund.; Eleuterio, papa mr.; Quadrado, discípulo de los Apóstoles, mr.; Zacarías, ob. mr.	05.23	21.00
6.23	21.15	**27 Mar.** Stos. Agustín de Canterbury, ob.; Julio, mr. Beato José Tous y Soler, capuchino fund.	06.06	22.19
		● **LUNA NUEVA** *a 5 h 2 min de la tarde en Géminis.* *Tiempo variable.*		
6.22	21.16	**28 Miér.** Stos. Emilio, mr.; Germán de París, ob.	07.01	23.28
6.22	21.16	**29 Juev.** (*Día de la Ascensión,* se celebra el 1 de junio). Stos. Justo, ob. de Urgell; Pablo VI, papa; Sisino y Alejandro, mrs.; Maximino, ob.; Pedro Sans, dominico, ob. mr.	08.06	** **
6.21	21.17	**30 Vier.** San Fernando, rey. Beato Pere Tarrés, pbro. Sta. Juana de Arco, vg. mr.	09.19	00.24
6.21	21.18	**31 Sáb. La Visitación de la Virgen María.** Stos. Ponce, ob. mr. de Girona; Pascasio, diácono. Sta. Petronila, vg.	10.33	01.06

CANCER

JUNIO

Mes consagrado al Sagrado Corazón de Jesús

Sale	Se pone		Sale	Se pone
6.20	21.19	**I Domingo** LA ASCENSIÓN DEL SEÑOR. Stos. Justino, mr.; Ignacio (Iñigo de Oña), abad. Sta. Laura, vg.	11.45	01.39
6.20	21.19	**2 Lun.** Stos. Marcelino y Pedro, mrs.; Eugenio I, papa; Erasmo (o Elmo o Telmo), ob. mr.; Germán, Justo, Paulino y Sicio, mrs.; Sta. Blandina, mr.	12.52	02.04
6.19	21.20	**3 Mar.** Stos. Carlos Luanga y compañeros mrs. en Uganda; Isaac, mje. mr.; Juan Grande, rel. Stas. Clotilde, reina; Oliva, vg.	13.56	02.26
		☽ **CUARTO CRECIENTE** *a 5 h 41 min de la noche en Virgo. Seco y temperaturas suaves.*		
6.19	21.21	**4 Miér.** Stos. Quirino, ob. mr.; Pedro Mártir o de Verona, dominico mr.; Francisco Caracciolo, fund. Stas. Noemí y Rut.	14.58	02.45
6.19	21.21	**5 Juev.** Stos. Bonifacio, ob. mr.; Doroteo, pbro. mr.; Nicanor y Zenai, mrs.	15.59	03.04
6.18	21.22	**6 Vier.** Stos. Norberto, fund. premostratenses; Marcelino Champagnat, fund. maristas; Artemio, Cándida y Paulina, familia mr.	17.00	03.23
6.18	21.23	**7 Sáb.** San Roberto, abad; Vistremundo, mje. mr.	18.02	03.43
6.18	21.23	**8 Domingo** PENTECOSTÉS - PASCUA GRANADA. San Pedro de Amer, mercedario. Sta. Calíope, mr.	19.06	04.06
6.18	21.24	**9 Lun.** Stos. Efrén, diácono y dr.; Primo y Feliciano, mrs. Sta. Pelagia, vg. mr.	20.10	04.33
6.17	21.24	**10 Mar.** Stos. Mauricio, abad; Asterio, ob.	21.12	05.07
6.17	21.25	**II Miér.** Stos. **Bernabé, apóstol**; Parisio, mje. Stas. Alicia (o Adelaida) rel. cisterciense; María Rosa Molas, fund.	22.11	05.49
		☺ **LUNA LLENA** *a 9 h 43 min de la mañana en Sagitario. Calor.*		
6.17	21.25	**12 Juev.** Stos. León III, papa; Onofre, anacoreta; Nabor y Nazario, mrs. Beata Yolanda (o Violante), rel. *Fiesta de Jesucristo, Gran Sacerdote.*	23.02	06.40
6.17	21.26	**13 Vier.** San Antonio de Padua, franciscano y dr. Sta. Aquilina, vg. mr.	23.45	07.40
6.17	21.26	**14 Sáb.** Stos. Eliseo, profeta; Atanasio, Félix y Digna, mrs.	** **	08.47
6.17	21.27	**15 Domingo** LA SANTÍSIMA TRINIDAD. Stas. María Micaela del Santísimo Sacramento, fund.; Benilde, mr.; Germana Cousin, vg. Stos. Bernado Menton, pbro.; Landelino, abad.	00.21	09.57
6.17	21.27	**16 Lun.** Stos. Ferreol, pbro. mr.; Quirico (o Quirce) niño y Julita, su madre, mrs. Sta. Lutgarda.	00.50	11.07

Agua por San Juan
quita aceite, vino y pan.

─────── ⟨⟨⟩⟩ ───────

Aguas de junio,
ni frutos ni pastos en julio.

Sale Se pone	JUNIO Mes consagrado al Sagrado Corazón de Jesús	Sale Se pone
6.17 21.27	**17 Mar.** Stos. Manuel, Sabel e Ismael, mrs.; Rainerio, confesor.	01.15 12.18
6.17 21.28	**18 Miér.** Stos. Marcos y Marceliano, hermanos mrs.; Ciríaco y Paula, mrs. Stas. Marina, vg. mr.; Isabel vg. y Hosanna, vg.	01.38 13.29
	☾ **CUARTO MENGUANTE** a 9 h 19 min de la tarde en Piscis. Tiempo inestable. Nuboso.	
6.18 21.28	**19 Juev.** (*Fiesta del Corpus*, se celebra el 22 de junio). Stos. Romualdo, abad fund.; Gervasio y Protasio, hermanos mrs.; Lamberto, mr. Stas. Juliana de Falconieri, servita; Aurora, vg. mr.	02.00 14.41
6.18 21.28	**20 Vier.** Stos. Silverio, papa mr. Stas. Florentina, vg.; Elia, abadesa.	02.23 15.55
6.18 21.28	**21 Sáb.** Stos. Luís Gonzaga, jesuita; Ramón de Roda y Rodolfo, obs. Sta. Demetria, vg. mr.	02.48 17.13
	☀ **SOL EN CÁNCER** (solsticio) Empieza el VERANO a las 4 h 42 min.	
6.18 21.29	**22 Domingo** SOLEMNIDAD DEL CORPUS CHRISTI. Stos. Paulino de Nola, ob.; Juan Fischer, cardenal y Tomás Moro, mrs.	03.18 18.34
6.18 21.29	**23 Lun.** Stos. Zenón y Zenas, mrs.; Jacob, patriarca; José Cafasso, pbro. Stas. Alicia, mr.; Agripina, vg. mr.	03.56 19.54
6.19 21.29	**24 Mar.** ✠ LA NATIVIDAD DE SAN JUAN BAUTISTA. San Simplicio, obispo.	04.44 21.07
6.19 21.29	**25 Miér.** Stos. Guillermo, ermitaño; Próspero de Aquitania, ob. Stas. Eva, rel.; Orosia, vg. mr.	05.44 22.09
	◉ **LUNA NUEVA** a 12 h 31 min del mediodía en Cáncer. Buen tiempo y noches calurosas.	
6.19 21.29	**26 Juev.** Stos. Pelayo, niño mr.; Juan y Pablo, hermanos mrs.; Antelmo, cartujano; Josemaría Escrivá de Balaguer, fund. Sta. Perseveranda, vg.	06.55 22.58
6.20 21.29	**27 Vier.** EL SAGRADO CORAZÓN DE JESÚS. Stos. Cirilo de Alejandría, ob. y dr.; Ladislao, rey; Rodolfo, abad.; Zoilo, mr. Nuestra Sra. del Perpetuo Socorro.	08.10 23.35
6.20 21.29	**28 Sáb.** *El Inmaculado Corazón de María*. Stos. Ireneo, ob. mr.; Pablo I papa; Argimiro, mje. mr. Sta. Marcela, mr.	09.25 ** **
6.21 21.29	**29 Domingo** *XIII del tiempo ordinario*. SANTOS PEDRO Y PABLO, APÓSTOLES. San Ciro, obispo. Sta. Benedicta, vg.	10.36 00.04
6.21 21.29	**30 Lun.** Los protomártires de la santa Iglesia de Roma. San Marcial, ob. Sta. Emiliana, mr.	11.43 00.28

JULIO

Mes consagrado a la Preciosísima Sangre

Sale	Se pone		Sale	Se pone
6.22	21.29	**1 Mar.** La Preciosísima Sangre de N.S.J.C. San Aarón. Sta. Leonor, mr.	12.46	00.49
6.22	21.29	**2 Miér.** Stos. Proceso y Martiriano, mrs.; Bernardino Realino y Francisco de Regis, jesuitas.	13.48	01.08
		☽ **CUARTO CRECIENTE** *a 9 h 30 min de la noche en Libra. Suben las temperaturas. Algunas tempestades en la montaña.*		
6.23	21.28	**3 Juev. Santo Tomás, apóstol.** Stos. León II, papa; Eulogio y compañeros mrs.	14.50	01.26
6.23	21.28	**4 Vier.** Stas. Isabel de Aragón, reina de Portugal; Berta, abadesa. San Laureano y Valentín de Berrio-Ochoa, obs. mrs.	15.52	01.46
6.24	21.28	**5 Sáb.** Stos. Antonio María Zaccaria, fund.; Miguel de los Santos, trinitario. Sta. Filomena, vg.	16.55	02.08
6.24	21.28	**6 Domingo** *XIV del tiempo ordinario.* Sta. María Goretti, vg. mr. Stos. Isaías, profeta; Rómulo, ob. mr. Nuestra Señora de Atocha.	17.59	02.34
6.25	21.27	**7 Lun.** Stos. **Oto (Odón), ob. de Urgell**; Fermín, ob. de Pamplona. Sta. Edilberga, vg.	19.02	03.05
6.26	21.27	**8 Mar.** Stos. Adrián III, papa; Aquila y Priscila, esposos. Bto. Eugenio III, papa.	20.03	03.44
6.26	21.26	**9 Miér.** Stos. Cirilo, ob. mr.; Zenón, soldado mr. Sta. Anatolia, vg. mr.	20.57	04.32
6.27	21.26	**10 Juev.** Stos. Cristóbal, mr.; Marino, mr. Stas. Amelia, vda.; Rufina y Secunda, vgs. mrs.; Verónica Giuliani, capuchina estigmatizada. *Nuestra Señora de Atocha.*	21.43	05.30
		☺ **LUNA LLENA** *a 10 h 36 min de la noche en Capricornio. Tiempo seco y calor, suave en la costa.*		
6.28	21.26	**11 Vier.** Stos. **Benito, abad, patrón de Europa**; Pío I, papa mr; Sta. Olga de Kiev, reina.	22.21	06.36
6.29	21.25	**12 Sáb.** Stos. Nabor y Félix, mrs.; Juan Gualberto, abad fund. Stas. Marciana, vg. mr.; Epifana, mr.	22.53	07.46
6.29	21.25	**13 Domingo** *XV del tiempo ordinario.* Stos. Enrique, emperador; Anacleto, papa mr. Stas. Sara, abadesa; Teresa de Jesús de los Andes, carmelita.	23.19	08.58
6.30	21.24	**14 Lun.** Stos. Camilo de Lelis, fund.; Francisco Solano, franciscano. Sta. Adela, vda.	23.43	10.10
6.31	21.23	**15 Mar.** Stos. Buenaventura, ob. franciscano y dr.; Antíoco, médico mr.; Pompilio Mª Pirrotti, escolapio.	** **	11.21
6.32	21.23	**16 Miér. Nuestra Sra. del Carmen.**	00.05	12.32

Araña que de hilo cuelga
lluvia espera.

Si en julio llueve,
renace la hierba y el trigo pierde.

☀ Sale	Se pone	JULIO Mes consagrado a la Preciosísima Sangre	🌙 Sale	Se pone
6.33	21.22	**17 Juev.** Stos. Alejo, confesor; León IV, papa. Stas. Justa y Rufina, mrs.; Marcelina, vg.	00.27	13.45
6.33	21.21	**18 Vier.** San Federico, ob. mr. Stas. Marina, vg. mr.; Sinforosa y sus siete hijos mrs.	00.51	15.00
		🌓 **CUARTO MENGUANTE** *a 2 h 37 min de la noche en Aries.* *Nuboso y bochorno.*		
6.34	21.21	**19 Sáb.** Stos. Arsenio, diácono; Símaco, papa; Pedro de Cadireta, dominico; Stas. Áurea y Macrina, vgs. mrs.	01.18	16.18
6.35	21.20	**20 Domingo** *XVI del tiempo ordinario.* Stos. Elías, profeta; Apolinar, ob. mr. Pablo diácono, mr. Stas. Margarita y Liberata, vgs. mrs.	01.52	17.36
6.36	21.19	**21 Lun.** Stos. Lorenzo de Brindis, capuchino y dr.; Daniel, profeta; Víctor, soldado mr. Sta. Práxedes, vg.	02.35	18.50
6.37	21.18	**22 Mar.** Sta. **María Magdalena, penitente.** Stos. Menelao, ob.; Teófilo, pretor romano y Platón, mrs.	03.29	19.56
		☀ **SOL EN LEO**		
6.38	21.17	**23 Miér.** Stas. Brígida de Suecia, fund.; Primitiva, vg. mr.; María, Gracia y Bernardo mrs. de Alcira.	04.34	20.49
6.39	21.16	**24 Juev.** Stos. Boris y Gleb, mrs. Sta. Cristina, vg. mr.	05.47	21.31
		🌑 **LUNA NUEVA** *a 9 h 11 min de la noche en Leo.* *Soleado y ambiente seco.*		
6.40	21.16	**25 Vier.** ✠ SAN JAIME APÓSTOL (Santiago), patrón de España. San Teodomiro, mje. mr. Sta. Valentina, vg. mr.	07.02	22.03
6.41	21.15	**26 Sáb.** San Joaquín y Sta. Ana, padres de la SSma. Virgen. Sta. Exuperia, mr.	08.15	22.29
6.42	21.14	**27 Domingo** *XVII del tiempo ordinario.* Stos. Cucufate (cat. Cugat), mr.; Aurelio y compañeros, mrs.; Celestino I, papa mr.; Pantaleón, médico mr. Stas. Natalia, mr.; Juliana y Semproniana, vgs. mrs.	09.25	22.51
6.43	21.13	**28 Lun.** Stos. Nazario y Celso, mrs.; Víctor I, papa, mr. Sta. Catalina Thomás, agustina.	10.31	23.11
6.43	21.12	**29 Mar.** Stas. Marta de Betania; Serafina, vg. Stos. Olaf, rey mr.; Próspero, ob.; Adán, primer hombre.	11.35	23.30
6.44	21.11	**30 Miér.** Stos. Pedro Crisólogo, ob. y dr; Abdón y Senén (Nin y Non), mrs., patronos de los hortelanos.	12.37	23.49
6.45	21.09	**31 Juev.** Stos. Ignacio de Loyola, fund.; Juan Colombini, rel.; Fabio, mr.; Germán, ob.	13.39	** **

AGOSTO

Mes consagrado al Purísimo Corazón de María

Sale	Se pone		Sale	Se pone
6.46	21.08	**1 Vier.** Stos. Pedro *ad vincula*; Alfonso M. de Liguorio, ob. fund. y dr.; Félix Africano (cat. Feliu), mr., en Gerona. Stas. Fe, Esperanza y Caridad, vgs. mrs.	14.42	00.10
		CUARTO CRECIENTE *a 2 h 41 min de la tarde en Escorpio.* *Despejado y calor moderado.*		
6.47	21.07	**2 Sáb.** Stos. Eusebio de Vercelli, ob.; Esteban I, papa mr.; Pedro Julián Eymard, pbro. *Nuestra Sra. de los Ángeles o de la Porciúncula.*	15.46	00.34
6.48	21.06	**3 Domingo** *XVIII del tiempo ordinario.* Stos. Gamaliel y Nicodemo; Gustavo (Augusto), ob. Stas. Lídia, discípula de San Pablo; Cira, vg. Bta. Juana de Aza.	16.50	01.03
6.49	21.05	**4 Lun.** Stos. Juan M. Vianney, pbro.; Aristarco, ob. m.	17.51	01.39
6.50	21.03	**5 Mar.** DEDICACIÓN DE LA BASÍLICA DE STA. MARÍA LA MAYOR, en Roma. San Osvaldo, rey. Sta. Afra, mr. *Nuestra Sra. de las Nieves. La Virgen Blanca. Nuestra Sra. de Ibiza, del Vinyet, de África.*	18.48	02.23
6.51	21.02	**6 Miér.** LA TRANSFIGURACIÓN DEL SEÑOR (popularmente *San Salvador*). Stos. Justo y Pastor, hermanos mrs. en Alcalá de Henares.	19.38	03.17
6.52	21.01	**7 Juev.** Stos. Sixto II, papa y compañeros mrs.; Cayetano, fund.; Alberto de Sicilia, carmelita.	20.19	04.20
6.53	21.00	**8 Vier.** Stos. Domingo de Guzmán, fund. de los dominicos; Ciríaco, Largo, Esmaragdo, mrs.	20.53	05.30
6.54	20.59	**9 Sáb.** Sta. Teresa-Benedicta de la Cruz (Edith Stein), vg. mr. Stos. Román, soldado mr.; Domiciano, ob.	21.22	06.42
		LUNA LLENA *a 9 h 55 min de la mañana en Acuario.* *Sol y bochorno.*		
6.55	20.57	**10 Domingo** *XIX del tiempo ordinario.* San Lorenzo, diácono mr.; Sta. Asteria, vg. mr. Filomena, vg. y mr.	21.47	07.56
6.56	20.56	**11 Lun.** Sta. Clara de Asís, vg. fund. Stos. Tiburcio y Susana, mrs.; Rufino, obispo mr.	22.09	09.09
6.57	20.55	**12 Mar.** Stos. Herculiano, ob.; Aniceto, mr. Stas. Hilaria, mr.; Juana Francisca de Chantal, fund.	22.32	10.21
6.58	20.53	**13 Miér.** Stos. Hipólito, mr. y Ponciano, papa mr. Casiano, maestro mr.; Stas. Aurora, vg. mr.; Concordia, mr.	22.55	11.35
6.59	20.52	**14 Juev.** Stos. Maximiliano-María Kolbe, franciscano conventual mr.; Eusebio, pbro.; Calixto, ob. mr.	23.21	12.50
7.00	20.50	**15 Vier.** ✠ **LA ASUNCIÓN DE NUESTRA SEÑORA.** San Tarcisio, acólito mr.	23.53	14.07

La lluvia por San Lorenzo
siempre llega a tiempo.

Luna con cerco,
agua o viento.

☀ Sale	Se pone	AGOSTO Mes consagrado al Purísimo Corazón de María	☾ Sale	Se pone
7.01	20.49	**16 Sáb.** Stos. **Roque de Montpeller, confesor**; Esteban, rey de Hungría. Sta. Serena, emperatriz. ☾ **CUARTO MENGUANTE** *a 7 h 12 min de la mañana en Tauro. Calma, calor y noches tropicales.*	** **	15.25
7.02	20.48	**17 Domingo** *XX del tiempo ordinario.* Stos. Jacinto de Polonia, dominico; Mamerto, pastor mr.; Isaac, patriarca. Stas. Beatriz de Silva, fund.; Clara de Montefalco, rel.	00.32	16.40
7.03	20.46	**18 Lun.** Sta. Helena, emperatriz. Stos. Patricio, ob.; Agapito, niño mr.; Serapión, mr.	01.21	17.48
7.05	20.45	**19 Mar.** Stos. Juan Eudes, pbro. fund.; Luís de Anjou, ob. de Tolosa; Magín, ermitaño mr.	02.21	18.44
7.06	20.43	**20 Miér.** Stos. Bernardo de Claraval, abad cisterciense y dr.; Cristóbal y Leovigildo, mrs.; Samuel, profeta.	03.31	19.28
7.07	20.42	**21 Juev.** Stos. Pío X, papa; Bonoso y Maximiano, mrs.; Privato, ob. mr. Sta. Ciríaca, vda. mr.	04.44	20.03
7.08	20.40	**22 Vier. Santa María Madre de Dios, Reina.** Stos. Hipólito, ob. mr.; Fabriciano, mr. ☀ **SOL EN VIRGO**	05.57	20.31
7.09	20.39	**23 Sáb.** Stas. Rosa de Lima, vg. San Zaqueo, ob. 🌑 **LUNA NUEVA** *a 8 h 6 min de la mañana en Virgo. Canícula.*	07.08	20.54
7.10	20.37	**24 Domingo** *XXI del tiempo ordinario.* Santos **Bartolomé, apóstol**; Patricio, abad. Stas. Áurea, vg. mr.; Emilia de Vialar, vg. *Nuestra Sra. de la Fuente de la Salud.*	08.15	21.14
7.11	20.35	**25 Lun.** Stos. José de Calasanz, fund.; Luís IX rey de Francia; Ginés de Arles, mr. Sta. Patricia, vg.	09.20	21.33
7.12	20.34	**26 Mar.** Sta. Teresa de Jesús Jornet, fund. Stos. Ceferino papa mr.; Cesario de Arles, ob.; Junípero Serra, misionero.	10.23	21.53
7.13	20.32	**27 Miér.** Sta. Mónica, madre de San Agustín y patrona de las madres cristianas.	11.26	22.13
7.14	20.31	**28 Juev.** Stos. Agustín, ob. y dr.; Julián y Pelayo, mrs.	12.29	22.36
7.15	20.29	**29 Vier. El martirio de San Juan Bautista.** Sta. Sabina, mr.	13.32	23.02
7.16	20.27	**30 Sáb.** Stos. Félix y Adaucto, mrs.; Stas. Gaudencia, vg. mr.; Juana Jugan, fund.	14.46	23.35
7.17	20.26	**31 Domingo** *XXII del tiempo ordinario.* San **Ramón Nonato, mercedario**, patrón de Cardona. Stas. Rufina y Ammia, mrs. ☽ **CUARTO CRECIENTE** *a 8 h 25 min de la mañana en Sagitario. Bajada de temperaturas y algunas tempestades.*	15.38	** **

LIBRA

SEPTIEMBRE

☀ **Sale Se pone** Mes consagrado al Arcángel San Miguel 🌙 **Sale Se pone**

Sale	Se pone		Sale	Se pone
7.18	20.24	**1 Lun.** Stos. Licerio (cat. Lleïr), ob.; Gil, abad; Lope (Lupo), ob. Sta. Ana, profetisa. DÍA MUNDIAL DE LA ECOLOGÍA	16.37	00.15
7.19	20.22	**2 Mar.** Stos. Antolín, mr.; Elpidio, abad. Stas. Raquel; Íngrid, rel.	17.29	01.04
7.20	20.21	**3 Miér.** Stos. Gregorio el Magno, papa y dr.; Sandalio, mr.; Simeón Estilita, mje. Sta. Basilisa, vg. mr.	18.14	02.03
7.21	20.19	**4 Juev.** Stos. Moisés, legislador y profeta; Bonifacio I, papa. Stas. Rosalía de Palermo, vg.; Rosa de Viterbo, vg. *Nuestra Sra. de la Consolación (o de la Correa).*	18.51	03.09
7.22	20.17	**5 Vier.** Stos. Lorenzo Justiniano, ob.; Victorino, ob. mr. Sta. Obdulia, vg.; Teresa de Calcuta, fund.	19.22	04.20
7.23	20.16	**6 Sáb.** Stos. Eleuterio, abad; Onesiforo, mr.; Petronio, ob.; Zacarías, profeta. *Nuestra Sra. de la Cinta.*	19.48	05.34
7.24	20.14	**7 Domingo** *XXIII del tiempo ordinario.* Stos. Evorcio y Augustal, obs. Stas. Regina, vg. mr.; Judit.	20.12	06.48
		🌕 **LUNA LLENA** *a 8 h 8 min de la tarde en Piscis.* *Nuboso y aparato eléctrico.* **Eclipse total de Luna.**		
7.25	20.12	**8 Lun. LA NATIVIDAD DE NUESTRA SRA.** Festividad de las Vírgenes Halladas: *Nuestra Sra. del Camino, de Covadonga, de Meritxell (patrona de los Valles de Andorra), de Montserrat, de Núria, de Queralt, etc.* Stos. Adrián y Néstor, mrs.; Sergio I, papa; Sta. Adela, rel.	20.35	08.03
7.26	20.11	**9 Mar.** Stos. Pedro Claver, misionero jesuita; Gorgonio, mr. *Nuestra Sra. del Claustro,* en Solsona. *Nuestra Sra. de Arántzazu,* en Guipúzcoa.	20.58	09.18
7.27	20.09	**10 Miér.** San Nicolás Tolentino, rel. Agustino. Beatos Domingo Castellet, Luís Eixarc y Jacinto Orfanell, dominicos mrs.	21.24	10.35
7.28	20.07	**11 Juev.** Stos. Proto y Jacinto, hermanos mrs. Beato Buenaventura Gran, franciscano. Sta. Teodora, penitente. DIADA NACIONAL DE CATALUÑA	21.54	11.54
7.29	20.06	**12 Vier. El Santísimo Nombre de María** (Dulce, Míriam, Mireia); *Nuestra Sra. de Lluc; Nuestra Sra. de Estíbaliz; Sta. María de Valvanera, de la Fuensanta, etc.* San Guido, peregrino confesor. Beato Miró de Tagamanent.	22.31	13.13
7.30	20.04	**13 Sáb.** Stos. Juan Crisóstomo, ob. y dr.; Amado, abad y ob.; Ligorio y Felipe mrs. *Ntra. Sra. de la Abellera,* patrona de los apicultores.	23.18	14.31
7.31	20.02	**14 Domingo** *XXIV del tiempo ordinario.* **LA EXALTACIÓN DE LA SANTA CRUZ.** San Crescencio, niño mr. Sta. Rósula, mr.	** **	15.41
		🌗 **CUARTO MENGUANTE** *a 12 h 33 min del mediodía en Géminis.* *Tiempo variable.*		
7.32	20.00	**15 Lun. Los Dolores de Nuestra Sra.** (Soledad, Lola, María de la Cruz), Stos. Nicomedes, pbro. mr.; Albino, ob. Sta. Catalina de Génova.	00.15	16.41

60

*Cuando el sapo canta fuerte,
lluvia promete.*

*Septiembre seca las fuentes
o se lleva los puentes.*

Sale	Se pone	SEPTIEMBRE Mes consagrado al Arcángel San Miguel	Sale	Se pone
7.33	19.59	**16 Mar.** Stos. Cornelio, papa mr. y Cipriano, ob. mr.; Stas. Eufemia, vg. mr.; Edita, princesa vg.; Ludmila, mr.	01.21	17.28
7.34	19.57	**17 Miér.** Stos. Roberto Belarmino, jesuita y dr.; Pedro de Arbués, pbro. mr. Stas. Coloma, vg. mr.; Hildegarda, rel. y dra. *La impresión de las Llagas de San Francisco de Asís.*	02.33	18.05
7.35	19.55	**18 Juev.** Stos. José de Cupertino, franciscano conventual; Ferreol, mr. Stas. Irene y Sofía, mrs.	03.45	18.34
7.36	19.54	**19 Vier.** Sta. **María de Cervelló** (o de Socors), **rel. mercedaria.** Stos. Jenaro y Nilo, obs. mrs.	04.55	18.58
7.37	19.52	**20 Sáb.** Stos. Andrés Kim, pbro. y Pablo Chong, mrs. en Corea; Eustaquio, mr. Stas. Cándida, vg. mr.; Felipa, mr.	06.03	19.19
7.38	19.50	**21 Domingo** *XXV del tiempo ordinario.* Stos. **Mateo, apóstol y evangelista**; Jonás, profeta; Pánfilo, mr. Sta. Ifigenia.	07.08	19.38
		LUNA NUEVA *a 9 h 54 min de la noche en Libra. Despejado y bajada de temperaturas.*		
7.39	19.48	**22 Lun.** Stos. Mauricio y compañeros, mrs.; Félix IV, papa. Sta. Digna, vg. mr.	08.11	19.57
		SOL EN LIBRA *(equinoccio) Empieza el* OTOÑO *a las 20 h 19 min.*		
7.40	19.47	**23 Mar.** (✠ *en Tarragona*) SANTA TECLA, vg. mr., patrona de la ciudad de Tarragona. Sta. Sira, vg. Stos. Lino, papa mr.; Pío de Pietrelcina, capuchino estigmatizado.	09.14	20.17
7.41	19.45	**24 Miér.** (✠ *en Barcelona*) NUESTRA SRA. DE LA MERCED, patrona de la ciudad y del arzobispado de Barcelona. Stos. Gerardo, ob. mr.; Andoquio, pbro. mr.; Tirso, diácono mr.	10.16	20.39
7.42	19.43	**25 Juev.** Stos. Dalmacio Moner, dominico; Cleofás, mr.; Stas. Aurelia y Neomisia, vgs. *Nuestra Sra. de Misericordia* en Reus.	11.20	21.04
7.43	19.41	**26 Vier.** Stos. Cosme y Damián, hermanos mrs.; Nilo, abad. San Cebrián y Sta. Justina, mrs.	12.24	21.34
7.44	19.40	**27 Sáb.** Stos. Vicente de Paúl, pbro. fund.; Adolfo y Juan, hermanos mrs.; Cayo, ob.	13.26	22.10
7.45	19.38	**28 Domingo** *XXVI del tiempo ordinario.* Stos. Wenceslao, duque mr.; Exuperio y Salomón, obs.; Heliodoro, mr.; Fausto, ob. (o *Fost*). Sta. Eustoquio, vg.	14.26	22.55
7.46	19.36	**29 Lun.** Los SANTOS ARCÁNGELES MIGUEL, GABRIEL Y RAFAEL. San Fraterno, ob. mr. Sta. Gudelia, mr.	15.20	23.49
7.47	19.35	**30 Mar.** Stos. Jerónimo pbro. y dr.; Gregorio y Honorio, obs. Sta. Sofía, vda.	16.07	** **
		CUARTO CRECIENTE *a 12 h 53 min de la noche en Capricornio. Calor y tiempo húmedo.*		

ESCORPION

OCTUBRE

Mes consagrado a la Nuestra Sra. del Rosario

Sale	Se pone		Sale	Se pone
7.48	19.33	**1 Miér.** Sta. Teresa del Niño Jesús (Teresita), carmelita y dra. San Remigio, ob.	16.46	00.51
7.49	19.31	**2 Juev.** Los Santos Ángeles Custodios. Beato Berenguer de Peralta, ob. *Nuestra Sra. de la Academia*, patrona de la ciudad de Lérida.	17.19	01.59
7.50	19.30	**3 Vier.** Stos. Francisco de Borja, pbro. jesuita; Gerardo, abad; Dionisio Areopagita, mr.	17.47	03.10
7.51	19.28	**4 Sáb.** Stos. Francisco de Asís, diácono y fund.; Petronio, obispo; Marcos y Marciano, hermanos mrs. Sta. Áurea, vg.	18.12	04.23
7.52	19.26	**5 Domingo** *XXVII del tiempo ordinario*. Stos. Plácido, mje.; Froilán y Atilano, obs. Stas. Gala, vda.; Faustina Kowalska, rel. *Témporas de petición y acción de gracias.*	18.35	05.37
7.54	19.25	**6 Lun.** Stos. Bruno, fund. de la cartuja; Casto y Emilio, mrs. Sta. Fe, vg. mr.; María Francisca de las Cinco Llagas.	18.58	06.52
7.55	19.23	**7 Mar.** NUESTRA SRA. DEL ROSARIO. Stos. Sergio y Baco, Marco y Apuleyo, mrs.	19.24	08.09
		☺ **LUNA LLENA** *a 6 h 47 min de la noche en Aries.* (Luna de cosecha) Lluvias dispersas.		
7.56	19.21	**8 Miér.** Stos. Simeón, profeta; Néstor, mr.; Stas. Reparada y Benedicta, vgs. mrs.; Lorenza, mr.; Pelagia, penitente.	19.52	09.30
7.57	19.20	**9 Juev.** Stos. Dionisio, ob. mr. de París; Juan Leonardi, fund.; Rústico y Eleuterio, mrs.; Luís Bertrán, dominico; Abraham, patriarca y su esposa Sta. Sara.	20.28	10.52
7.58	19.18	**10 Vier.** Stos. Tomás de Villanueva ob.; Daniel y compañeros mártires en Ceuta. San Eulampio y Sta. Eulampia, mrs.	21.12	12.14
7.59	19.16	**11 Sáb.** Sta. Placidia, vg. Stos. Germán, ob. mr.; Juan XXIII, papa. *Nuestra Señora de Begoña.*	22.07	13.30
8.00	19.15	**12 Domingo** *XXVIII del tiempo ordinario*. **NUESTRA SRA. DEL PILAR.** San Serafín de Montegranario, capuchino. Sta. Domnina, vg. mr. *Nuestra Sra. del Remedio.*	23.12	14.35
8.01	19.13	**13 Lun.** Stos. Eduardo, rey; Jenaro, Marcial y Florencio, mrs. Sta. Celedonia, vg.	** **	15.27
		☾ **CUARTO MENGUANTE** *a 8 h 12 min de la noche en Cáncer.* Buen tiempo.		
8.02	19.12	**14 Mar.** Stos. Calixto I, papa mr.; Evaristo, mr.; Justo, ob. Sta. Fortunata vg. mr.	00.24	16.07
8.03	19.10	**15 Miér.** Sta. Teresa de Jesús, carmelita y dra. Stos. Antíoco, ob.	01.36	16.38

Cuando llueve y hace viento, cierra la puerta y estate dentro.

Si sopla el solano, agua en la mano.

Sale	Se pone	**OCTUBRE** Mes consagrado a la Nuestra Sra. del Rosario	Sale	Se pone
8.04	19.09	**16 Juev.** Stos. **Galderico**, patrono de los agricultores catalanes; Galo, abad. Stas. Eduvigis (Hedvig), rel.; Margarita M. Alacoque, salesa.	02.47	17.03
8.06	19.07	**17 Vier.** Stos. Ignacio de Antioquía, ob. mr.; Florencio, ob.; Víctor, mr.; beato Rodolfo, mje.	03.54	17.25
8.07	19.06	**18 Sáb.** Stos. **Lucas, evangelista**; Justo, niño mr. Sta. Trifonia, emperatriz.	04.59	17.45
8.08	19.04	**19 Domingo** *XXIX del tiempo ordinario.* Stos. Pablo de la Cruz, pbro. fund.; Pedro de Alcántara, franciscano; Sta. Laura, vda. *Nuestra Sra. de la Bonanova.*	06.02	18.03
8.09	19.03	**20 Lun.** Stos. Cornelio, centurión; Andrés de Creta, mje.; Artemio, militar mr.; Sta. Irene vg. mr.	07.04	18.23
8.10	19.01	**21 Mar.** Stos. Hilarión, abad; Cayo, soldado mr.; Viátor, conf. Stas. Celina, Grisela, Úrsula y compañeras mártires.	08.07	18.43
		☽ **LUNA NUEVA** *a 2 h 25 min de la tarde en Libra. Bajada de temperaturas. Primeras nevadas en las cumbres.*		
8.11	19.00	**22 Miér.** Stos. Juan Pablo II, papa; Heraclio, soldado mr.; Stas. Alodia y Nunilona, vgs. mrs.; María de Salomé.	09.10	19.07
8.12	18.58	**23 Juev.** Stos. Juan de Capistrano, franciscano; Servando y Germán, mrs. en Cádiz.	10.13	19.35
		☀ **SOL EN ESCORPIO**		
8.14	18.57	**24 Vier.** Stos. **Antonio Mª Claret**, ob. fund.; Aretas y compañeros, mrs.; Martirián, mr., patrono de Banyoles.	11.17	20.09
8.15	18.55	**25 Sáb.** Stos. Bernardo Calbó, ob.; Crisanto y Daría, esposos mrs.; Crispín y Crispiniano, mrs. *Nuestra Señora del Collell.*	12.17	20.51
7.16	17.54	**26 Domingo** *XXX del tiempo ordinario.* Stos. Evaristo, papa mr.; Luciano y Marciano, mrs.; Rústico, ob.; Viril, abad de Leyre.	12.13	20.31
7.17	17.53	**27 Lun.** Stos. Frumencio, mr.; Gaudioso, ob.; Vicente, Sabina y Cristeta, mrs.	13.02	21.40
7.18	17.51	**28 Mar.** Stos. **Simón Cananeo y Judas Tadeo, apóstoles.** Sta. Cirila vg. mr.	13.43	22.44
7.19	17.50	**29 Miér.** (✠ en Gerona) San NARCISO, ob. mr., patrón de la ciudad de Gerona; Stos. Maximiliano, ob. mr.; Sta. Eusebia, vg. mr.	14.17	23.52
		☽ **CUARTO CRECIENTE** *a 5 h 20 min de la tarde en Acuario. Tiempo borrascoso.*		
7.21	17.49	**30 Juev.** Stos. Marcelo, centurión y sus hijos Claudio, Lupercio y Victorico, mrs. Beato Angel de Acri, capuchino. Sta. Zenobia, mr.	14.46	** **
7.22	17.48	**31 Vier.** Stos. Alfonso Rodríguez, jesuita; Quintín, mr.; Wolfgango, ob. Sta. Lucila, vg. mr.	15.11	01.01

- 1 h.

SAGITARIO

NOVIEMBRE

Sale Se pone Mes consagrado a las benditas Almas del Purgatorio *Sale Se pone*

Sale	Se pone		Sale	Se pone
7.23	17.46	**1 Sáb. SOLEMNIDAD DE TODOS LOS SANTOS.** Stos. Vigor, Licinio, Idacio y Nundario obs.; Bto. Rainerio de Arezzo, franciscano.	15.35	02.12
7.24	17.45	**2 Domingo** *XXXI del tiempo ordinario.* CONMEMORACIÓN DE TODOS LOS FIELES DIFUNTOS. San Victorino, ob. mr.	15.57	03.25
7.25	17.44	**3 Lun.** Stos. Martín Porres, dominico; Ermengol, ob. de Urgell; Nonnit, ob. de Girona; Huberto, ob.; Pedro Almató, dominico mr. Sta. Silvia. *Los innumerables mártires de Zaragoza.*	16.21	04.40
7.27	17.43	**4 Mar.** Stos. Carlos Borromeo, cardenal arzobispo; Félix de Valois, pbro. fund.; Agrícola y Vidal, mrs. Sta. Modesta, vg.	16.48	05.58
7.28	17.42	**5 Miér.** Stos. Zacarías e Isabel (Elisabet), padres de San Juan Bta.; Magno, ob. Sta. Bertila, abadesa.	17.20	07.20
		☺ **LUNA LLENA** *a 2 h 19 min de la tarde en Tauro. Tiempo variable y noches frías.*		
7.29	17.40	**6 Juev.** Los Santos y beatos mártires del siglo XX en España. Stos. Severo, ob. de Barcelona, mr.; Leonardo de Noblac, anacoreta.	18.01	08.44
7.30	17.39	**7 Vier.** Stos. Ernesto y Herculano, obs. mrs.; Florencio, obispo de Estrasburgo. Beato Francisco de Jesús-María-José Palau y Quer, carmelita fund. Sta. Carina, vg. mr.	18.53	10.06
7.31	17.38	**8 Sáb.** Los cuatro santos coronados: Severo, Severiano, Carpóforo y Victorino, mrs. Beato Juan Duns Escoto, franciscano y dr.	19.57	11.19
7.33	17.37	**9 Domingo** *XXXII del tiempo ordinario.* LA DEDICACIÓN DE LA BASÍLICA DE SAN JUAN DE LETRÁN EN ROMA. Stos. Teodoro, soldado mr.; Orestes, mr.; *Fiesta del Santo Cristo de Balaguer y de Santa María la Real de la Almudena.*	21.09	12.19
7.34	17.36	**10 Lun.** Stos. León el Magno, papa y dr.; Andrés Avelino, teatino; Tiberio, mr. *La Virgen de Loreto.*	22.24	13.05
7.35	17.35	**11 Mar.** Stos. Martín de Tours, ob.; Menna, soldado mr.; Verano, ob.	23.37	13.40
7.36	17.34	**12 Miér.** Stos. Josafat, ob. mr.; Emiliano (Millán de la Cogolla), eremita; Nilo, abad.	** **	14.07
		☾ **CUARTO MENGUANTE** *a 6 h 28 min de la noche en Leo. Alguna lluvia y viento.*		
7.38	17.33	**13 Juev.** Stos. Leandro de Sevilla, ob; Homobono, penitente de Cremona; Diego de Alcalá, franciscano; Estanislao de Kostka, jesuita; Arcadio y compañeros mrs.	00.47	14.30
7.39	17.32	**14 Vier.** San Serapión (o Serapio), protomártir mercedario; Sta. Veneranda, vg. mr.	01.52	14.50
7.40	17.32	**15 Sáb.** Stos. Alberto el Magno, ob. dominico y dr.; Eugenio de Toledo, ob. mr.; Leopoldo, patrón de Austria.	02.56	15.09

Golondrina que con el ala roza la tierra
lluvia recela.

───────── ᑫᔭᓄ ─────────

Cuando el gallo canta después del anochecer,
señal de nevar o llover.

☀		NOVIEMBRE	🌙	
Sale	*Se pone*	Mes consagrado a las benditas Almas del Purgatorio	*Sale*	*Se pone*
7.41	17.31	**16 Domingo** *XXXIII del tiempo ordinario.* Stas. Margarita de Escocia, reina; Gertrudis la Magna, rel. San Edmundo, ob.	03.57	15.28
7.42	17.30	**17 Lun.** Stas. Isabel de Hungría, reina; Hilda, abadesa. Stos. Alfeo y Zaqueo, mrs.; Gregorio Taumaturgo, ob.; San Acisclo y Sta. Victoria, hermanos mrs.	04.59	15.49
7.44	17.29	**18 Mar.** La dedicación de la Catedral de Barcelona y de las Basílicas de San Pedro y San Pablo en Roma. Stos. Aurelio, ob. mr.; Odón (Ot), abad; Román, mr.	06.02	16.11
7.45	17.28	**19 Miér.** Stos. Abdias, profeta; Crispín, ob. mr.; Fausto (Fost), diácono mr.; Ponciano, mr. Sta. Matilde Hackeborn, rel.	07.05	16.38
7.46	17.28	**20 Juev.** Stos. Octavio y Adventor, soldados mrs.; Solútor, mr.; Benigno, ob. mr.	08.08	17.10
		🌑 **LUNA NUEVA** *a 7 h 47 min de la mañana en Escorpio.* *Bastante soleado.*		
7.47	17.27	**21 Vier.** Stos. Gelasio I, papa; Honorio, mr. La presentación de Nuestra Sra. en el templo.	09.10	17.50
7.48	17.26	**22 Sáb.** Sta. Cecilia, vg. mr. Stos. Filemón y Apia, esposos discípulos de Pablo, mrs.	10.07	18.38
7.49	17.26	**23 Domingo** LA SOLEMNIDAD DE JESUCRISTO REY. Stos. Clemente I, papa mr.; Columbano, abad. Stas. Lucrecia, vg. mr.; Felicidad, mr.	10.58	19.33
		☀ **SOL EN SAGITARIO**		
7.51	17.25	**24 Lun.** Stos. Andrés Dung-Lac pbro. y compañeros mrs. en Vietnam; Crisógono y Cresceciano, mrs. Stas. Fermina, vg. mr; Flora y María, vgs. mrs.	11.42	20.35
7.52	17.25	**25 Mar.** Sta. Catalina de Alejandría, vg. mr. Stos. Erasmo (cat. Erm o Elm), mr.; Gonzalo, ob.	12.18	21.41
7.53	17.24	**26 Miér.** Stos. Leonardo de Porto Maurizio, franciscano; Conrado, ob.; Juan Berchmans, jesuita.	12.47	22.49
7.54	17.24	**27 Juev.** Stos. Virgilio y Basileo, obispos. Beato Ramón Llull, mr. *Nuestra Sra. de la Medalla Milagrosa.*	13.13	23.57
7.55	17.23	**28 Vier.** Stos. Jaime de Marchia, franciscano; Mansueto, ob. y mr.; Rufo, mr. Honesto de Nines, pbro. Sta. Catalina Labouré, rel.	13.36	** **
		🌓 **CUARTO CRECIENTE** *a 7 h 58 min de la mañana en Piscis.* *Nuboso.*		
7.56	17.23	**29 Sáb.** Stos. Saturnino (Sernin o Cernin), ob. mr.; Demetrio, mr. Sta. Iluminada, vg.	13.58	01.06
7.57	17.23	**30 Domingo** *I de Adviento.* Stos. Andrés apóstol; Troyano, ob. Stas. Justina y Maura, vgs. mrs.	14.20	02.17

DICIEMBRE

Sale Se pone Mes consagrado a la Inmaculada Concepción *Sale Se pone*

Sale	Se pone		Sale	Se pone
7.58	17.23	**1 Lun.** Stos. Eloy, ob.; Nahum, profeta. Sta. Natalia, esposa mr.	14.45	03.30
7.59	17.22	**2 Mar.** San Silvano, ob. Sta. Bibiana, vg. mr. Beata María Ángela Astorch, capuchina.	15.13	04.48
8.00	17.22	**3 Miér.** Stos. Francisco Javier, jesuita; Casiano, mr.; Sofonías, profeta. Sta. Magina, mr.	15.49	06.10
8.01	17.22	**4 Juev.** San Juan Damasceno, pbro. y dr. Stas. Bárbara, vg. mr.; Ada, vg.	16.35	07.33
8.02	17.22	**5 Vier.** Stos. Dalmacio, ob. mr.; Sabas, abad. Stas. Crispina, mr.; Elisa, vg.	17.34	08.52

> 😊 **LUNA LLENA** *a 12 h 14 min de la noche en Géminis.*
> *Frío y nevadas en las montañas.*

Sale	Se pone		Sale	Se pone
8.03	17.22	**6 Sáb.** Stos. **Nicolás de Bari, ob.**; Fortián Inocente, mr.; Mayórico, mr.; Pedro Pascual, ob. mr. Stas. Asela, vg.; Carmen Sallés, fund. DIA DE LA CONSTITUCIÓN	18.45	10.01
8.04	17.22	**7 Domingo** *II de Adviento.* Stos. Ambrosio, ob. y dr. (patrón de los apicultores); Eutiquiano, papa mr.; Sta. Fara, abadesa.	20.02	10.55
8.05	17.22	**8 Lun.** LA INMACULADA CONCEPCIÓN DE SANTA MARÍA VIRGEN (popularmente *la Purísima*). Sta. Ester, reina. Stos. Eucario, ob.; Romarico, abad.	21.19	11.36
8.06	17.22	**9 Mar.** Stos. Juan Diego; Restituto, ob. mr. Sta. Leocadia (cat. Llogaia) vg. mr.	22.32	12.07
8.07	17.22	**10 Miér.** Sta. Eulalia y Júlia de Mérida, vg. mr. Stos. Melquíades, papa, mr.; Trobat, mr. *Nuestra Señora de Loreto.*	23.41	12.33
8.07	17.22	**11 Juev.** Stos. Dámaso I, papa; Daniel Estilita, mje.; Sabino, ob. Sta. Ida, vg.	** **	12.54

> 🌙 **CUARTO MENGUANTE** *a 9 h 51 min de la noche en Virgo.*
> *Despejado y algunas lluvias aisladas.*

Sale	Se pone		Sale	Se pone
8.08	17.22	**12 Vier.** Stos. Hermógenes y Donato, mrs. *Nuestra Sra. de Guadalupe,* patrona de Iberoamérica.	00.47	13.14
8.09	17.22	**13 Sáb.** Stas. Lucía, vg. mr.; Otilia, benedictina. Stos. Antíoco, mr.; Auberto, ob.	01.50	13.33
8.10	17.22	**14 Domingo** *III de Adviento.* Stos. Juan de la Cruz, carmelita dr.; Justo y Abundio, mrs.; Dióscoro, niño mr.; Nicasio, ob. mr.	02.52	13.53
8.10	17.23	**15 Lun.** Stos. Celiano, mr.; Maximino, confesor; Valeriano, ob.; Úrbez (o Urbicio), pastor eremita. Sta. Cristina (Nina) esclava mr.	03.54	14.15
8.11	17.23	**16 Mar.** Stos. José Manyanet, fund.; Ananías, Azarías y Misael. Stas. Albina, vg. mr.; Adelaida (Alicia), emperatriz.	04.57	14.41

*Cielo de lana,
si no llueve hoy, lloverá mañana.*

*Cielo empedrado,
suelo mojado.*

☀ Sale Se pone	DICIEMBRE Mes consagrado a la Inmaculada Concepción	☾ Sale Se pone
8.12 17.23	**17 Miér.** Stos. Juan de Mata, fund.; Franco de Sena, rel.; Lázaro de Betania. Sta. Yolanda (o Violante), rel. dominica.	06.00 15.11
8.12 17.24	**18 Juev.** Stos. Gacián, ob.; Adjutorio, mr. Nuestra Sra. de la Esperanza (popularmente la *Virgen de la O*).	07.02 15.48
8.13 17.24	**19 Vier.** Stos. Nemesio, mr.; Urbano V, papa. Stas. Fausta y Tea mrs.; Eva, esposa de Adán.	08.02 16.34
8.14 17.24	**20 Sáb.** Stos. Domingo de Silos, abad; Macario, pbro. mr.	08.55 17.28
	✵ *LUNA NUEVA a 2 h 43 min de la noche en Sagitario.* *Tiempo seco.*	
8.14 17.25	**21 Domingo** *IV de Adviento.* Stos. Benjamín, patriarca; Pedro Canisio, jesuita y dr.; Glicerio, pbro. mr.; Severino, ob. mr. *Antigua fiesta litúrgica de Santo Tomás, apóstol (actualmente el 3 de julio).*	09.41 18.29
	☀ *SOL EN CAPRICORNIO* (solsticio) *Empieza el* INVIERNO *a las 16 h 3 min.*	
8.15 17.25	**22 Lun.** Stos. Zenón y Demetrio, mrs. Stas. Francisca-Javiera Cabrini, vg. fund.; Elena, vg. clarisa.	10.19 19.34
8.15 17.26	**23 Mar.** Stos. Juan de Kety, pbro.; Sérvulo, conf. Sta. Victoria, vg. mr.	10.50 20.41
8.16 17.27	**24 Miér.** San Delfín, ob. Stas. Adela, abadesa; Irmina, vg. princesa.	11.17 21.49
8.16 17.27	**25 Juev.** ✠ **NAVIDAD DE NUESTRO SEÑOR JESUCRISTO.** *Nuestra Sra. de Belén o del Pesebre* (Nadal, Noel). Stas. Anastasia, mr.; Eugenia, vg. mr.	11.40 22.56
8.16 17.28	**26 Vier.** SAN ESTEBAN, PROTOMÁRTIR. Stos. Dionisio y Zósimo, papas; Marino, mr.	12.02 ** **
8.17 17.29	**27 Sáb.** SAN JUAN APÓSTOL Y EVANGELISTA. Stos. Teodoro y Teófanes, hermanos. Stas. Nicareta, vg.; Fabiola, penitente.	12.23 00.04
	☽ *CUARTO CRECIENTE a 8 h 9 min de la noche en Aries.* *Calma y temperaturas suaves.*	
8.17 17.29	**28 Domingo** *La Sagrada Família.* LOS SANTOS INOCENTES, MÁRTIRES. San Abel, hijo de Adán y Eva. Sta. Dómina, vg. mr.	12.45 01.14
8.17 17.30	**29 Lun.** Stos.Tomás Becket, ob. mr.; David, rey profeta; Trófimo, ob.	13.11 02.27
8.17 17.31	**30 Mar.** Stos. Félix I, papa mr.; Rogelio, ob.; Mansueto, mr.; Rainerio, ob., Sabino, ob. mr. Beato Raúl, abad. Sta. Anisia, mr.	13.42 03.44
8.17 17.32	**31 Miér.** Stos. Silvestre I, papa; Sabiniano, ob. mr. Stas. Coloma, vg. mr.; Melania la Joven.	14.21 05.04

LA FIESTA DE LOS TONIS DE TARADELL

A lo largo de sus más de dos siglos de historia y en el marco de la fiesta de los *Tres Tombs*, los Tonis de Taradell han celebrado y defendido los dos pilares básicos en los que se asienta el mundo rural: los animales y el patrimonio cultural y etnológico. La preservación y divulgación de este patrimonio y el bienestar animal en el ámbito festivo se han convertido, desde hace años, en sus prioridades.

La cultura popular es un reflejo de cómo son las personas que la practican y disfrutan. Muchas de sus formas y tradiciones han ido evolucionando y adaptándose a las prácticas de la sociedad actual. La fiesta de los *Tres Tombs*, muy celebrada en toda Cataluña, es un buen ejemplo de ello. Nacida para agradecer el trabajo de los animales que se utilizaban para la labranza de la tierra, la fiesta ha sabido adaptarse a los tiempos actuales.

Salvaguarda del patrimonio rural

Una de las entidades que con más fuerza ha mantenido viva la tradición de los *Tres Tombs* son los Tonis de Taradell, que en los últimos años han impulsado iniciativas que traspasan el tradicional desfile de arrieros del día de San Antonio. Fue a partir del año 1995 cuando la entidad inició una labor de investigación y recuperación de carruajes y herramientas de trabajo rurales, con el objetivo de conservar y dar a conocer todo aquello que con el paso del tiempo había sido sustituido por maquinaria. El resultado son las actuales colecciones de herramientas, carruajes y ornamentos expuestos en dos espacios museizados de Taradell: la masía el Colomer y el Alzinar de la Roca.

Los *Tres Tombs* y el bienestar animal

También, en los últimos años, los Tonis de Taradell se han distinguido por sus acciones en defensa del bienestar animal en el ámbito festivo. En el marco del trabajo conjunto con entidades animalistas como FAADA o Inti Veterinaris, han creado un protocolo de buenas prácticas para garantizar que todos los animales que participan en las fiestas de los *Tres Tombs* lo hacen en buenas condiciones y sin perjuicio de su bienestar físico y emocional. El protocolo trata temas como la formación de los cuidadores y portadores de los caballos y también tiene en cuenta las nuevas demandas y sensibilidades sociales hacia los animales.

Los tiempos cambian y la cultura popular no puede quedarse al margen si queremos asegurar la continuidad de las tradiciones y la conservación del patrimonio. Entidades como los Tonis de Taradell llevan tiempo trabajando con esta filosofía y son un referente en el que reflejarse.

Laia CAMPRUBÍ
Gestora cultural

BICENTENARIO DE LOS
TRES TOMBS DE BARCELONA

En 2025, la fiesta de *Els Tres Tombs* de San Antonio en Barcelona cumple 200 años de historia. Una efeméride que en una gran urbe como Barcelona, moderna, dinámica y tecnológica, es todo un prodigio, casi un milagro.

Una noticia del *Diario de Barcelona* del 16 de enero de 1825 publicada en el apartado de "Noticias particulares de Barcelona" anunciando el pase de *Els Tres Tombs* es la referencia más antigua que se tiene. Sin embargo, es sabido que a mediados del siglo XV, el gremio de arrendatarios de mulas y el de cargadores del barrio de la Ribera ya celebraban la fiesta de San Antonio Abad con la bendición de animales.

La fiesta de San Antonio Abad en los territorios de habla catalana ha desarrollado una serie de rituales muy diversos en torno a la figura y leyenda del eremita Antonio Abbas (Egipto, s. III). Una de las manifestaciones festivas más arraigadas y extendidas en todo el Principado de Cataluña es la de *Els Tres Tombs*, una tradición rural que en Barcelona se convierte en urbana.

En la capital, desde 1715, la procesión iba a la iglesia del antiguo lazareto de los frailes antonianos, en el Portal de Sant Antoni, donde se bendecían los animales. La tradición, a cargo del Montepío de San Antonio Abad de Cocheros de Barcelona y conocida desde 1825 como *Tres Tombs*, se mantuvo con toda naturalidad mientras los caballos y los asnos eran necesarios para la vida cotidiana de la ciudad.

Cuando la presencia de animales de carga y trabajo, así como de carruajes y transporte, pierde su función, la celebración se mantie-

ne como un homenaje a los animales de tiro que a lo largo de los siglos habían sido motor económico, y también para mantener la memoria de aquellos carruajes que habían estado al servicio de la ciudad, tales como los de limpieza, bomberos, sanidad, pompas fúnebres, transporte, movilidad o paseo.

Durante el siglo XX y hasta 2005, la organización de *Els Tres Tombs* de Barcelona recayó en la Hermandad de San Antonio Abad, continuadores del Montepío. En 2006, la responsabilidad pasa a la Federación de *Els Tres Tombs* de San Antonio de Barcelona, integrada por el Arca de Noé, la Asociación de Vecinos del Barrio de San Antonio, San Antonio Comercio y la Hermandad de San Antonio Abad.

Els Tres Tombs de Barcelona, patrimonio festivo de Cataluña, llegan al bicentenario repletos de celebraciones especiales. Actualmente, entre sus objetivos tradicionales de homenaje a los animales —de trabajo y de compañía—, integran también el bienestar animal, el trabajo digno, el futuro del mundo de los équidos y el reconocimiento de la fiesta y la tradición.

 Xavier CORDOMÍ
Presidente de la Asociación de Fiestas de la Plaça Nova y miembro de la Federació d'Els Tres Tombs de Sant Antoni de Barcelona

LA TRADICIÓN DE LAS
FELICITACIONES DE NAVIDAD

De las muchas tradiciones navideñas, hasta no hace tantos años, destacaba la de felicitar las fiestas con bonitas tarjetas impresas. En España, las primeras de estas felicitaciones aparecieron en la década de 1820 en Barcelona y lo hicieron asociadas a otra tradición navideña, la del aguinaldo.

Los aguinaldos, un rito milenario

Un aguinaldo es un regalo o gratificación en forma de dinero o especies que suele recibirse en Navidad. Su origen lo encontramos en las *strenae*, una antigua costumbre romana que consistía en los regalos que las familias se hacían para celebrar las primeras calendas –primer día de mes– de enero, con motivo de las fiestas en honor a la diosa sabina Strenia. Se trataba de un rito augural para propiciar la abundancia y la buena suerte en el nuevo tiempo que se "estrenaba".

Esta antigua costumbre ha perdurado hasta nosotros en forma de lotes, cestas o christmas y, también, en los versos que, en Navidad, recitan los niños, por los que a cambio reciben una pequeña recompensa. La gente que ya peina canas recuerda como, en los días previos a la Navidad, trabajadores de diferentes oficios visitaban las escaleras de vecinos deseando unas "Felices fiestas" y ofreciendo una postal a cambio de un aguinaldo. Así, en las casas era muy común ver las felicitaciones del sereno, el vigilante, el barrendero, el farolero, el cartero, etc. Era una manera de redondear los ingresos, sobre todo en épocas de escasez. Hoy, aquellas postales se han convertido en verdade-

Felicitación de Navidad
del *Diario de Barcelona* del año 1888.

ros objetos de colección y cabe destacar que, en cierto modo, son los precedentes de los populares *christmas*, con un origen sin duda catalán.

Las primeras postales de Navidad

Las primeras postales navideñas conocidas se imprimieron en Barcelona y su aparición se produjo poco después de la introducción de las técnicas de impresión litográficas. Estas innovaciones llegaron del extranjero a través de Antoni Brusi Miravet, editor y propietario del *Diario de Barcelona*, conocido popularmente como *El Brusi*. En 1823, tras la muerte del editor, el negocio quedó en manos de la viuda y los herederos. Fueron ellos quienes tomaron la iniciativa de imprimir unas primeras postales para felicitar la Navidad a los suscriptores, a cambio de las cuales los repartidores del diario recibían una pequeña compensación.

70

La idea de una tarjeta impresa, con una ilustración alu-
siva a la Navidad en el anverso y un verso o una décima en
el reverso, arraigó y se fue extendiendo, primero a otros
diarios y, después, tal y como hemos mencionado, a diversos oficios. Y aunque ahora observemos estas antiguas tarjetas con cierta nostalgia y pongamos en valor su singularidad, cabe decir que uno de los motivos de su declive
y desaparición fue, precisamente, la animadversión que
generaron debido al gran número de trabajadores que
iban por las casas en busca de un aguinaldo. Así mismo,
las mejoras de las condiciones laborales y salariales también contribuyeron a su desaparición.

La popularización de las postales

Fue en Londres, en 1843, donde se empezaron a comer-
cializar las primeras tarjetas navideñas, conocidas popularmente como *christmas*. Concretamente, fue sir Henry
Cole quien, tres años después de la aparición del primer
sello postal, decidió imprimir una serie de mil postales,
que enviaría a sus parientes y conocidos con el fin de fe-
licitarles la Navidad, y comercializó el sobrante al precio
de un chelín. Años después, y con gran éxito, las postales
empezaron a imprimirse en serie y la costumbre de felicitar la Navidad enviando tarjetas se extendió rápidamente.

Desde su aparición, las postales de Navidad han ido
evolucionando, tanto en lo que se refiere al diseño como
a su uso. Los motivos florales, los paisajes nevados y las es-
cenas religiosas han sido los temas más representados, sin
olvidarnos de los angelitos y pastores, amables y risueños,
del dibujante catalán Joan Ferrándiz, reconocidos a nivel
internacional. También, con el tiempo, las tarjetas navideñas se convirtieron en un reclamo para captar fondos
destinados a acciones solidarias. Pero en los últimos años,
las postales de Navidad se han visto prácticamente relega-
das, siendo sustituidas por las felicitaciones virtuales y los
mensajes que se envían a través de aplicaciones informá-
ticas y las redes sociales.

Amadeu CARBÓ
Folklorista y autor de *Celebrem el Nadal*

COMERCIOS HISTÓRICOS

En nuestra sociedad perviven establecimientos que evocan tiempos pasa-
dos y embellecen pueblos y ciudades
casi de forma musealizada. Son los llamados *establecimientos emblemáticos,*
un valioso patrimonio cultural que es
necesario conservar y proteger.

Con más de cien y doscientos años de historia (algunos todavía más), los establecimientos emblemáticos destacan tanto por su estética antigua como por el mobiliario y los
productos que se venden en ellos, normal-
mente tradicionales y artesanales. Son comercios que han conservado los valores del
oficio, la tradición y el esfuerzo de un trabajo bien hecho. Entre los *emblemáticos* encontramos tiendas de alimentación (pastelerías,
panaderías, colmados, granjas, productos a
granel), de salud (farmacias, herbolarios,
ópticas), de moda (guanterías, sombrere-
rías, camiserías), así como cererías, cuchi-
llerías, ferreterías, etc.

Por toda Cataluña todavía perviven nume-
rosos comercios históricos de gran interés. Y
si bien, no todos sufren la gran presión económica y urbanística como los concentrados
en Barcelona, sí que padecen el mismo desinterés público para preservarlos como patrimonio cultural, un desinterés que provoca la
constante desaparición de muchos de ellos.

Cabe apuntar que, en un contexto en el
que el comercio está uniformizando el paisaje urbano con grandes franquicias comerciales internacionales, son precisamente estos establecimientos históricos y singulares
los que dan personalidad a una ciudad, re-
flejando una cultura propia e identitaria.

Los establecimientos emblemáticos
como patrimonio inmaterial

En 2011, basándose en el libro *Guapos per
sempre,* el Ayuntamiento de Barcelona reco-
noció los establecimientos emblemáticos de
la ciudad colocando unas placas conmemo-
rativas en cada uno de ellos. Esta acción con-
dujo, ese mismo año, a que sus responsables
se organizaran creando la Asociación de Establecimientos Emblemáticos (AEE), presi-
dida en ese primer momento por Maya Ruiz
Picasso, la hija mayor del famoso pintor.

**La Asociación de Establecimientos
Emblemáticos defiende los comercios
históricos barceloneses,
pero está abierta a integrar
a los del resto del país**

La asociación lucha contra la desaparición
de este tipo de establecimientos y, con este
objetivo, defiende la conservación material y
el mantenimiento de su actividad comercial.
Así mismo, vela por la difusión y conservación del valor histórico del patrimonio que
representan; promueve el diálogo y la defensa de su problemática con los estamentos políticos, administrativos y gremiales, y elabora
y encarga informes con el objetivo de permitir o facilitar su pervivencia. A pesar de los
contactos establecidos con la Generalitat de
Catalunya y el Ayuntamiento de Barcelona,
desgraciadamente, a día de hoy, no existen
resultados positivos que frenen la continua
e inexorable desaparición de estos establecimientos, que no tienen una protección efec-
tiva. El Ayuntamiento de Barcelona ha he-

cho una clasificación de los comercios históricos de la ciudad, pero solo enfocada a la protección de las fachadas e interiores, obviando la actividad que se realiza dentro.

Debate a nivel europeo

La protección de los establecimientos emblemáticos afecta a otras ciudades europeas. En 2023, Barcelona acogió una primera jornada internacional de debate donde se firmó la "Declaración de Barcelona" que, impulsada por la capital catalana junto con París, Roma y Lisboa, solicita la protección de sus comercios emblemáticos a instancias del Parlamento Europeo.

Algunas iniciativas de protección conocidas son las de Westminster (Inglaterra), donde se han protegido cinco calles de comercios históricos, o las del parisino barrio de Montmartre, donde algunos locales han sido comprados, aunque solo con la intención de proteger la fachada y no la actividad comercial.

La Herboristeria del Rei, en la calle del Vidre, es la más antigua de Barcelona. Dibujo de Lola Anglada.

Tiendas históricas en
Calaf y Salàs

En Cataluña existen dos destacadas iniciativas de preservación de comercios históricos, aunque son negocios ya inactivos.

Tiendas de Calaf (Anoia)
El ayuntamiento de Calaf se ha hecho cargo del alquiler y mantenimiento de un conjunto de tiendas y negocios decimonónicos situados en la plaza Mayor.

Tiendas Museo de Salàs (Pallars Jussà)
En la plaza del Mercat encontramos un conjunto de nueve establecimientos de época, conservados gracias a la iniciativa del historiador Sisco Farràs.

CENTENARIOS

PRINCIPALES CENTENARIOS
QUE SE CELEBRARÁN DURANTE EL AÑO 2025

Primer centenario

Del cambio de nombre de la capital de Noruega, de Cristiania a Oslo (1/1/1925).

Del nombramiento de Nellie Tayloe Ross como primera gobernadora mujer de un estado (Wyoming) de Estados Unidos (5/1/1925).

Del estreno en el Liceo de *La flauta mágica* de W. A. Mozart. La ópera se había estrenado en 1791 en Viena y 135 años después llegaba a Cataluña (15/1/1925).

De la publicación de la novela *El gran Gatsby*, del escritor estadounidense F. Scott Fitzgerald (10/4/1925).

De la publicación de la primera edición de *Don Quijote* en sistema Braille (23/4/1925).

De la celebración, en París, de la Exposición Internacional de las Artes Decorativas e Industrias Modernas, que daría origen al art déco (28/4/1925).

De la publicación de *Mein Kampf* (*Mi lucha*), primer libro de Adolf Hitler, escrito desde la cárcel (18/7/1925).

De la finalización del campanario de san Bartolomé de la Sagrada Familia, la primera de las cuatro torres de la fachada del Nacimiento que pudo terminar en vida Antoni Gaudí (11/1925).

Del estreno de *El acorazado Potemkin*, película muda rusa dirigida por Sergei Eisenstein, pionera del lenguaje narrativo cinematográfico (24/12/1925).

Segundo centenario

De la creación, en Alemania, de las SS, cuerpo paramilitar encargado de la seguridad del Partido Nazi y de la custodia de la pureza racial (1925).

De la inauguración del Teatro Bolshói de Moscú con la representación del ballet *Cendrillon* del compositor catalán Ferran Sors (18/1/1825).

De la independencia oficial y fundación de la República de Bolivia (6/8/1825).

De la declaración de independencia de Uruguay (25/8/1825).

Del nombramiento de Simón Bolívar como presidente de Perú (12/8/1825).

De la inauguración, en Inglaterra, de la primera línea de ferrocarril que utilizó locomotoras de vapor, en un trayecto entre Stockton-on-Tees y Darlington, al noreste del país (27/9/1825).

De la independencia de Tasmania como colonia inglesa (1825).

De la primera de las "Conferencias navideñas" de la Royal Institution de Londres, unas charlas divulgativas sobre temas científicos, actualmente todavía vigentes. La primera fue impartida por el físico Michael Faraday (1825).

Tercer centenario

De la firma del Tratado de paz de Viena, que ponía fin a los conflictos de sucesión y soberanía entre los reyes

Carlos VI de Austria y Felipe V de España (30/4/1725).

De la finalización de la fortaleza militar de la Ciudadela de Barcelona, construida para controlar a los catalanes tras la derrota de 1714 (25/5/1725).

De la publicación de *Las cuatro estaciones* del compositor Antonio Vivaldi (1725).

Cuarto centenario

Del estreno, en Florencia, de *La liberazione di Ruggiero dall'isola d'Alcina* de Francesca Caccini, la primera ópera escrita por una mujer (3/2/1625).

De la rendición de la ciudad holandesa de Breda ante las tropas españolas en el contexto de la Guerra de los Ochenta Años (5/6/1625).

Quinto centenario

De la batalla de Pavía en la que los españoles, con Carlos I (y V del Sacro Imperio Romano Germánico), vencieron al ejército francés y capturaron al rey Francisco I (24/2/1525).

Del edicto de Carlos I de expulsión o conversión de los musulmanes que aún había en la Corona de Aragón, en el Principado de Cataluña y en el Reino de Valencia (25/11/1525).

Séptimo centenario

Del comienzo de la redacción de la *Crònica* de Ramon Muntaner (15/5/1325).

Octavo centenario

De la redacción del *Cántico de las criaturas*, también conocido como *Cántico del hermano Sol*, escrito por san Francisco de Asís (1/1225).

Décimo centenario (milenario)

Del fin de la redacción del *Canon de la medicina* escrito por el médico y filósofo persa Ibn Sina, más conocido en Occidente por Avicenna (1025).

De la fundación del Monasterio de Montserrat (1025).

NACIERON

1925. **Robert Altman**, director de cine; **Oriol Bohigas**, arquitecto; **Jordi Bonet**, arquitecto; **Pierre Boulez**, compositor; **Peter Brook**, director de teatro y cine; **Richard Burton**, actor; **Eduard Kucharski**, jugador de baloncesto; **Jack Lemmon**, actor; **Paul Newman**, actor; **Malcom X**, activista afroamericano; **Ermengol Passola**, empresario y activista cultural; **Leopoldo Pirelli**, empresario; **Maia Plissétskaia**, bailarina; *Riley* **B. King**, músico; **Robert Rauschenberg**, artista del arte pop; **Margaret Tatcher**, política; **Robert F. Kennedy**, político.

1825. **Marià Aguiló**, poeta, folclorista y lingüista; **Thomas Henry Huxley**, biólogo; **Práxedes Mateo Sagasta**, ingeniero de caminos y político. **Johann Strauss** (hijo), compositor.

1725. **Giacomo Girolamo Casanova**, escritor y aventurero veneciano.

1625. **Giovanni Cassini**, astrónomo.

1525. **Giovanni Pierluigi da Palestrina**, compositor y organista.

1425. **Enrique IV**, rey de Castilla y León.

1225. Santo **Tomás de Aquino**, teólogo y filósofo.

MURIERON

1925. **Juli Garreta**, compositor; **Pablo Iglesias**, político; **Antonio Maura**, político; **Ramon Pichot**, pintor; **Erik Satie**, compositor.

1825. **Jacques-Louis David**, pintor; **Antonio Salieri**, compositor.

1725. **José Benito Churriguera**, arquitecto y escultor; **Juan Manuel Fernández Pacheco**, fundador de la Real Academia Española; **Pedro I el Grande**, zar de Rusia; **Alessandro Scarlatti**, compositor.

1625. San **Miguel de los Santos**, fraile trinitario.

1525. **Andrea della Robbia**, escultor.

1125. **Enrique V**, rey de Alemania y emperador del Sacro Imperio Romano Germánico.

HACE 150 AÑOS

Acontecimientos remarcables sucedidos en el año en que apareció el primer número del *Calendario del Ermitaño*

1875 - EN EL MUNDO

Se inaugura la Ópera Garnier de París (5/1).

Alfonso XII desembarca en Valencia, procedente de Marsella, y emprende el camino hacia Madrid para ocupar el trono de España y restaurar la monarquía borbónica (11/1).

Se estrena, en París, la ópera *Carmen* de Georges Bizet, con poco éxito de crítica y público (3/3).

El barco de la Marina Real Británica *HMS Challenger* descubre el actual punto más profundo de la Tierra, bajo los océanos. Conocida como la fosa Challenger, se encuentra a 11.033 metros de profundidad (23/3).

Se aprueba la ley que suprime la esclavitud en todas las provincias de ultramar de Portugal (29/4).

La ciudad de Cúcuta (Colombia) es destruida por un terremoto donde mueren 14.000 personas (18/5).

Los kwahadis son los últimos indios comanches en rendirse al ejército de Estados Unidos (2/6).

Se inventa el *snooker* (conocido también como billar ruso) en Madrás, en la India.

1875 - EN CATALUÑA

Aparece el primer número del semanario catalán ilustrado *La bandera catalana* dedicado al enderezamiento de la lengua (16/1).

Llega a Barcelona, desde Roma, el famoso cuadro "La batalla de Tetuán" de Marià Fortuny (18/5).

Termina la Tercera Guerra Carlista, con la rendición de los carlistas en el sitio de la Seu d'Urgell (26/08).

Se publica el primer número del semanario ilustrado y satírico *La gorra de cop* (24/10).

Un misterioso incendio, a las once y media de la noche, destruye el Palacio Real de Barcelona (25/12).

Miquel Costa i Llobera escribe *Lo pi de Formentor*, su poema más conocido y considerado uno de los mejores poemas de la Renaixença.

Se funda la Escuela Provincial de Arquitectura de Barcelona bajo la dirección de Elies Rogent.

Jaume NOLLA

Más centenarios

www.calendariermita.cat

NACIERON

Pierre Athanase Larousse, gramático, lexicógrafo y enciclopedista (3/1); David Wark Griffith, director de cine (22/1); Fritz Kreisler, violinista y compositor (2/2); Ricard Viñes, pianista y compositor (5/2); Maurice Ravel, compositor (7/3); Juli Garrera, compositor (12/3); Mistinguett (Jeanne Florentine Bourgeois), cantante, actriz y vedette (5/4); Ramiro de Maeztu, escritor (4/5); Thomas Mann, novelista (6/6); Antonio Machado, poeta (26/7); Carl Gustav Jung, psiquiatra y psicólogo (26/7); Mata Hari (Margaretha G. Zelle), espía neerlandesa (7/8); Ferdinand Porsche, ingeniero automovilístico (3/9).

MURIERON

Jean François Millet, pintor realista (20/1); Camille Corot, pintor (22/2); Pep Ventura, músico y compositor (24/3); George Bizet (Alexandre Cesar Leopold Bizet), compositor (3/6); Hans Christian Andersen, escritor (4/8); Mariano Cubí, lingüista y frenólogo (5/12).

MILENARIO
DE MONTSERRAT

MONTSERRAT | MONESTIR | MIL·LENARI

En 2025 se conmemora el milenario de la fundación del monasterio de Montserrat, una de las instituciones más emblemáticas y queridas de nuestro país. Para celebrar la efeméride, a partir de septiembre de 2024 se iniciarán toda una serie de actividades extraordinarias que se prologarán durante 16 meses.

En 2025 hará mil años que los primeros monjes benedictinos se establecieron en Montserrat, enviados por el Abad Oliba, abad de Ripoll y obispo de Vic. La historia dice que ya hacia el año 880 había en la montaña de Montserrat una pequeña ermita dedicada a la Virgen María, la Moreneta. No fue hasta un siglo después, en 1025, cuando los monjes venidos de Ripoll construyeron un cenobio benedictino junto a la citada ermita. Nacía así el monasterio de Montserrat que, a lo largo de sus mil años de historia, se ha convertido en un referente no solo religioso y espiritual, sino también histórico, social y cultural, así como en un centro de peregrinaje a nivel mundial.

Para celebrar tan extraordinaria efeméride, la comunidad benedictina, en colaboración con numerosas instituciones y entidades civiles, ha organizado un intenso programa de actividades que incluye exposiciones, conferencias, conciertos, etc. y también otros proyectos como la creación de un nuevo espacio museográfico inmersivo en la abadía o la filmación de un documental sobre la vida en el monasterio.

Más información en **www.abadiamontserrat.cat**

1880-MILENARIO DE LA VIRGEN

Justo cuatro años después de la primera edición del *Calendario del Ermitaño* se celebró el milenario del hallazgo de la virgen de Montserrat. Entre otros actos, se convocó un certamen musical con el fin de encontrar un himno dedicado a la Virgen, en el que resultó ganador el popular *Virolai*, con letra de Jacint Verdaguer y música de Josep Rodoreda.

Vista de los campos cultivados por los monjes de Montserrat, con la montaña y la abadía de fondo. Grabado de Alexandre de Laborde de su serie *Voyage pittoresque et historique a Montserrat*, de 1806.

Año CVI

ACONTECIMIENTOS INTERESANTES
Ocurridos desde el 1 de septiembre de 2023
hasta el 31 de julio de 2024

SEPTIEMBRE DE 2023

6. En Marruecos se produce un potente terremoto de magnitud 6,8 con epicentro a 67 kilómetros al suroeste de Marrakech. Se contabilizan alrededor de 3.000 muertos y más de 5.600 heridos.

10. Tras causar graves inundaciones en Grecia, un violento ciclón arrasa Libia: la rotura de dos presas provoca la desaparición de unas 11.000 personas y 4.000 muertos.

19. El Congreso de los Diputados aprueba la reforma del reglamento que permite el uso de las lenguas cooficiales del Estado –catalán, aranés, vasco y gallego– en la actividad parlamentaria.

24. Tras 7 años de viaje, la NASA recupera la cápsula de la misión Osiris-Rex que transporta muestras intactas de un asteroide, las cuales contienen información sobre la formación de los planetas del sistema solar.

25. En Azerbaiyán, más de 100 mil personas de etnia armenia huyen de la región de Nargono Karabaj, disputada con Armenia, ante el temor de una posible "limpieza étnica".

27. Los guionistas americanos cierran un acuerdo salarial con los estudios de cine y televisión, el cual pone fin a una huelga que ha paralizado Hollywood durante 5 meses.

29. El rey Felipe VI abre un nuevo turno de conversaciones con los partidos tras el intento fallido del PP –ganador en votos de las últimas elecciones generales– de investir a su líder Alberto Núñez Feijoo como nuevo presidente del gobierno.

OCTUBRE DE 2023

1. En Murcia, un incendio en tres discotecas situadas en la zona de ocio nocturno Atalayas provoca la muerte de trece personas. Ante la falta de licencias de uso en vigor, se abren diligencias penales contra los responsables de las salas.

3. La Real Academia de Ciencias de Suecia concede el premio Nobel de física a los franceses Anne L'Huillier y Pierre Agostini y al húngaro Ferenc Krausz, físicos pioneros de la attofísica, una rama de la física que explora el mundo de los electrones dentro de los átomos.

7. Hamás y otros grupos armados palestinos de la Franja de Gaza realizan un ataque sorpresa contra Israel, lanzando miles de cohetes hacia el sur del país y cruzando la frontera. En los ataques a diversas localidades, más de 1.200 personas son ejecutadas indiscriminadamente y unas 3.500 resultan heridas; además se secuestran 240 civiles. Como consecuencia, el gobierno israelí declara el estado de guerra por primera vez desde 1973.

8. En Afganistán, un poderoso terremoto en la provincia de Herat arrasa pueblos enteros y provoca más de 2.400 muertos y 500 desaparecidos. Al cabo de una semana se registrarán réplicas de magnitud 6,4.

9. Israel inicia una gran ofensiva aérea contra Gaza y ordena evacuar el norte de la Franja, donde afirma que Hamás se esconde entre civiles palestinos. Impone un bloqueo total a toda la zona, impidiendo el suministro de electricidad, combustible y alimentos, lo cual provoca una crisis humanitaria que afecta a más de 2,2 millones de personas.

31. La princesa Leonor de Borbón, en su mayoría de edad, jura la Constitución en las Cortes españolas.

NOVIEMBRE DE 2023

16. Pedro Sánchez consigue ser investido presidente del gobierno español, pero con los votos en contra del PP, VOX y UPN. La promesa de Sánchez a los partidos independentistas que le han apoyado –de conceder una amnistía a los implicados en el "proceso" catalán– desencadena numerosas manifestaciones por todo el país, que en el caso de Madrid irán acompañadas de graves altercados provocados por radicales ultras.

19. En las elecciones a la presidencia de Argentina, el ultraderechista Javier Milei se impone con el 55 % de los votos por encima de su rival, el peronista Sergio Massa.

24. Israel y Hamás acuerdan una tregua de cuatro días a cambio de la liberación de 50 rehenes israelíes y 150 prisioneros palestinos. Mientras, la comunidad internacional se apresura a convocar una conferencia de paz en busca de una solución al conflicto.

DICIEMBRE DE 2023

3. En Suiza, y con la mediación de un diplomático internacional, dan inicio las primeras conversaciones entre el PSOE y Junts per Catalunya en relación al proceso de amnistía.

5. La Comisión Europea insta España a renovar los miembros del Consejo General del Poder Judicial –con el mandato caducado desde hace 5 años– y a adecuar el nombramiento de sus miembros

jueces teniendo en cuenta los estándares europeos.

— El informe PISA, el estudio trianual que evalúa los sistemas educativos de países de todo el mundo, ofrece unos resultados especialmente negativos en Cataluña, lo cual genera un gran debate sobre el modelo educativo catalán.

13. Finaliza la Cumbre sobre el Clima COP28, celebrada en Dubái (EAU), con el acuerdo, por parte de los 200 países participantes, de acelerar la transición energética para dejar atrás el consumo de combustibles fósiles.

17. El plebiscito celebrado en Chile rechaza por segunda vez el nuevo redactado de la Constitución y continuará vigente la constitución redactada en 1980 durante la dictadura del general Pinochet.

21. El nuevo presidente de Argentina, el ultraderechista Javier Milei, impone 300 reformas en un solo decreto: deroga leyes sin pasar por el Congreso, habilita la privatización de empresas públicas como la petrolera YPF y desregula el mercado laboral.

29. Sudáfrica presenta una demanda ante la Corte Internacional de Justicia acusando a Israel de cometer actos de genocidio contra el pueblo palestino en Gaza. Los ataques militares ya han causado más de 27.000 muertes y la privación deliberada de alimentos, agua y ayuda humanitaria impuesta por Israel que pone en peligro la supervivencia en la Franja.

ENERO DE 2024

1. Los derechos de explotación del dibujo animado de Mickey Mouse, hasta ahora en exclusiva de la productora Disney, pasan a ser de dominio público según la ley de propiedad intelectual estadounidense.

9. Miles de pellets de plástico, que fueron vertidos accidentalmente por un carguero en aguas portuguesas (diciembre de 2023), aparecen en diferentes playas de Galicia y también de Cantabria y Asturias. Se cuestiona la tardanza en la actuación del gobierno gallego frente a una nueva catástrofe medioambiental.

11. EE. UU. y Reino Unido atacan bases huties en el Yemen como consecuencia de los constantes ataques que este grupo rebelde ha lanzado contra la navegación marítima internacional en el Mar Rojo.

14. La reina Margarita II de Dinamarca, Groenlandia e islas Feroe, a sus 83 años de edad y después de 52 años de reinado, abdica a favor de su hijo Federico X.

20. El piloto Carlos Sainz gana su cuarto rally Dakar celebrado en Arabia Saudí.

26. Los agricultores franceses se manifiestan e inician un asedio a París con tractores. Acusan al gobierno francés de no ayudarles lo suficiente para hacer frente a los bajos precios que los distribuidores pagan por sus productos.

27. El Tribunal de la ONU insta a Israel a permitir la entrada de ayuda humanitaria en Gaza.

FEBRERO DE 2024

1. El gobierno de la Generalitat de Cataluña declara el estado de emergencia ante la grave sequía que sufre el país y establece un plan de medidas y acciones para garantizar la demanda de agua.

— Las protestas de los agricultores y ganaderos franceses se extienden por toda Europa e irrumpen en la cumbre europea que se celebra en Bruselas. En España, las protestas se generalizan por todo el territorio durante varias semanas.

5. Unos grandes incendios en Chile devastan diecisiete mil hectáreas muy pobladas en las zonas de Viña del Mar y Valparaíso. Mueren más de 120 personas y hay centenares de desaparecidos.

16. Muere en prisión y en extrañas circunstancias Alexei Navalny, el mayor opositor ruso del presidente Vladimir Putin.

18. En las elecciones al parlamento de Galicia, el Partido Popular revalida la mayoría absoluta por quinta vez consecutiva.

22. Se produce un enorme incendio en la ciudad de Valencia que destruye totalmente un edificio de viviendas de catorce plantas. Hay diez víctimas mortales.

24. Se cumplen dos años de la invasión rusa de Ucrania. El país ha perdido el 18 % de su territorio, pero se mantiene a la defensiva reclamando mayor ayuda militar internacional.

MARZO DE 2024

5. Francia se convierte en el primer país en blindar el derecho al aborto en su constitución, en un acuerdo con amplísima mayoría.

10. En las elecciones al parlamento portugués, el partido de centroderecha Alianza Democrática obtiene una ajustada victoria frente al Partido Socialista. Por su parte, Chega, la formación de extrema derecha, es la tercera fuerza más votada.

17. En las elecciones presidenciales celebradas en Rusia, Vladimir Putin consigue el 88 % de los votos, con lo que se perpetuará en el poder hasta 2030.

18. Ante la falta de los apoyos necesarios para aprobar los presupuestos, el presidente de la Generalitat de Catalunya, Pere Aragonès, convoca elecciones anticipadas para el próximo 12 de mayo.

23. El grupo terrorista Estado Islámico se atribuye un atentado perpetrado en una sala de conciertos a las afueras de Moscú. En un masivo tiroteo, mueren 137 personas y más 140 resultan heridas.

26. El mayor puente de Baltimore (Maryland, EE. UU.), situado sobre las aguas del río Patapsco y de casi tres quilómetros de longitud, se derrumba tras la colisión accidental provocada por un barco carguero.

ABRIL DE 2024

4. Brasil contabiliza, en lo que va de año, hasta tres millones de infectados por la epidemia del dengue, que ha provocado más de un millar de muertos.

13. Aumentan las tensiones entre Israel e Irán en el contexto de la guerra de Gaza. Tras el bombardeo del consulado iraní en Damasco (Siria) por parte del ejército israelí en el que murieron dieciséis personas, Irán responde con un ataque con cientos de drones y misiles que Israel consigue neutralizar.

15. El expresidente Donald Trump comparece ante un tribunal de Manhattan (Nueva York) en un juicio civil por fraude. Es el primer presidente en la historia de Estados Unidos en ser juzgado.
21. Se celebran elecciones al parlamento vasco. Gana en votos el Partido Nacionalista Vasco, pero empata en escaños con la coalición independentista de izquierda EH-Bildu, que aumenta considerablemente. El Partido Socialista de Euskadi tiene la llave de la gobernabilidad.
29. El presidente Pedro Sánchez reaparece tras una retirada reflexiva de cinco días ante la campaña de acoso a su mujer, Begoña Gómez, que está siendo investigada judicialmente. Sánchez se propone impulsar una regeneración democrática del sistema político.

MAYO DE 2024

1. La policía de Nueva York desaloja a los estudiantes de la Universidad de Columbia, acampados en protesta contra la guerra en Gaza. Como consecuencia, las protestas se extenderán a otras universidades del país y también a Europa.
5. Se producen grandes inundaciones en Río Grande do Sul, en el sur de Brasil, que provocan más de 80 muertos y un centenar de desaparecidos.
7. El ejército de Israel toma el control del lado palestino de la ciudad de Rafah, en la frontera de Gaza con Egipto. Este paso fronterizo, el único punto por el que entraba ayuda humanitaria, permanecerá cerrado.
9. El BBVA anuncia una OPA hostil al Banco Sabadell, a la que se oponen gobierno y sindicatos. Los accionistas deberán tomar una decisión antes del mes de noviembre.
12. Se celebran elecciones al Parlamento de Catalunya, con unos resultados muy fragmentados. El PSC gana por mayoría simple y las formaciones independentistas de ERC, CUP y Junts+ pierden la mayoría absoluta de que disponían desde 2015. En cambio, el PP incrementa su representación y Alianza Catalana, un nuevo partido de extrema derecha, consigue entrar en el parlamento con dos diputados.
15. El primer ministro de Eslovaquia, Robert Fico, sobrevive a un intento de asesinato perpetrado por un ciudadano contrario a las políticas gubernamentales.
19. Mueren el presidente de Irán, Ebrahim Raisi, su ministro de Exteriores y otros funcionarios en un accidente de helicóptero cerca de Jolfa, ciudad fronteriza con Azerbaiyán.
20. El Tribunal Penal Internacional pide la emisión de órdenes de búsqueda y captura contra el primer ministro israelí Benjamin Netanyahu por crímenes de guerra y lesa humanidad.
25. El Barça femenino gana su tercera Champions League ante el Olympique de Lyon por 2 goles a 0.
28. El gobierno de España, junto con los de Irlanda y Noruega, reconocen al Estado de Palestina, decisión que comparten con otros 142 países.
30. El Congreso de los Diputados aprueba la ley de amnistía después de ser vetada por el Senado. Esta representa una restauración de derechos civiles y políticos para los represaliados por el "procés" catalán. Ahora queda en manos de los jueces su interpretación.

JUNIO DE 2024

9. Se celebran elecciones al Parlamento Europeo con una baja participación. Gana el grupo del Partido Popular Europeo, seguido por la coalición de la Alianza Progresista de Socialistas y Demócratas. Se produce un gran avance de los partidos de extrema derecha y ultraconservadores, especialmente en Francia, lo que provocará que el presidente Emmanuel Macron convoque elecciones anticipadas.
20. Estados Unidos aprueba una ayuda militar, bloqueada en el Congreso durante meses, de 61.000 millones de dólares para Ucrania.
24. Julian Assange, el fundador de WikiLeaks, acepta declararse culpable de un delito grave relacionado con una de las mayores filtraciones de material clasifica-

do del gobierno de EE. UU. Después de 12 años privado de libertad, es liberado.

25. PSOE y PP llegan a un acuerdo para renovar el Consejo General del Poder Judicial después de más de cinco años de bloqueo.

JULIO DE 2024

4. Se celebran elecciones al Parlamento del Reino Unido. El Partido Laborista obtiene la mayoría absoluta. Por el contrario, el Partido Conservador, después de 14 años en el gobierno, sufre la peor derrota desde su fundación, en 1834.

7. En la segunda vuelta de las elecciones legislativas en Francia, con un alto nivel de participación, la coalición de izquierdas Nuevo Frente Nacional, ganadora por mayoría simple, y Ensemble, el partido del presidente Emmanuel Macron, consiguen frenar a Reagrupamiento Nacional, el partido de extrema derecha liderado por Marine Le Pen. El escenario plantea grandes dificultades de gobernabilidad.

15. Donald Trump, candidato a la presidencia de EE. UU. sobrevive a un intento de asesinato en el transcurso de un mitin.

19. Se produce un apagón informático sin precedentes que afecta a los sistemas tecnológicos de todo el mundo, motivado por un error en la actualización de un software del sistema Microsoft Windows.

23. El presidente Joe Biden retira su candidatura a ser reelegido presidente de Estados Unidos. A sus 81 años, Biden había visto cuestionadas sus capacidades, incluso por su propio partido. La actual vicepresidenta, Kamala Harris, se convertirá en la nueva candidata de los demócratas.

— Se inauguran, en París, los XXXIII Juegos Olímpicos de verano. Por primera vez, la ceremonia inaugural se celebra fuera de un estadio, en el río Sena.

28. Se celebran elecciones a la presidencia de Venezuela. Nicolás Maduro revalida su mandato por tercera vez con un ajustado 51 % de los votos. La oposición y la comunidad internacional no reconocen los resultados puesto que detectan graves irregularidades en los comicios.

NOS HAN DEJADO

Carme Junyent (4/9/23), lingüista; María Teresa Campos (05/9/23), periodista; Guy Émile Marchand (13/12/23), cantante, actor y escritor; Antoni Vila-Casas (14/9/23), farmacéutico y mecenas; Fernando Botero (15/9/23), escultor; Pepe Domingo Castaño (17/9/23), periodista deportivo; Emmanuel Le Roy Ladurie (22/11/23), historiador; Joan B. Culla (29/11/23), historiador; Henry Kissinger (29/11/23), político y diplomático; Concha Velasco (2/12/23), actriz; Jacques Delors (27/12/23), político; Isabel Steva "Colita" (31/12/23), fotógrafa; Bonaventura Pons (8/1/24), cineasta; Sebastián Piñera (6/2/24), expresidente de Chile; Gabriel Ferraté (11/2/24), rector y fundador de la Universitat Oberta de Catalunya; Kelvin Kiptum (12/2/24), plusmarquista mundial de maratón; Enric Badia (15/2/24), historietista e ilustrador; Aleksei Navalni (16/2/24), activista y político ruso; Vives Fierro (28/2/24), pintor; Ramon Masats (4/3/24), fotógrafo; Akira Toriyama (1/3/24), autor de manga y diseñador; Iris Apfel (1/3/24), diseñadora de interiores; Jean Laurent de Brunhoff (22/3/24), ilustrador; Maurizzio Pollini (23/3/24), pianista; Sílvia Tortosa (23/3/24), actriz; Richard Serra (26/3/24), escultor; José Antonio Ardanza (8/4/24), político vasco; Paul Auster (30/4/24), novelista; César Luís Menotti (5/5/24), futbolista y entrenador argentino; Joan Rigol (7/5/24), político y expresidente del Parlament de Catalunya; Ebrahim Raisi (19/5/24), presidente de Irán; Fermí Reixach (12/6/24), actor; Donald Sutherland (20/6/24), actor; Pino d'Angiò (Giuseppe D. Chierchia) (6/7/24), cantante; Enric Sopena (8/7/24), periodista; Marta Ferrusola (8/7/24), empresaria y esposa del presidente Jordi Pujol; Rosa Regàs (17/7/24), escritora y editora; Fermí Puig (19/7/24), cocinero; Teresa Gimpera (23/7/24), actriz y modelo; Àlex Susanna (27/7/24), escritor y gestor cultural.

150 años de la Fiesta Mayor de L'Arboç

*L'Arboç (Baix Penedès) celebra su fiesta mayor
el cuarto domingo de agosto,
en honor a San Julià y los Santos Mártires.
La fiesta está documentada desde 1876,
el mismo año que se editó el primer Calendario del Ermitaño.
Declarada Fiesta Patrimonial de Interés Nacional en 2009,
los elementos festivos más destacados de L'Arboç
son la carretillada del baile de diablos, el baile de bastones
y el de pastorcillos, los gigantes y la exhibición castellera.*

ENERO

3. El Pont d'Armentera. **6.** El Pla de Santa Maria. **7.** Fortià, Llers, Lliçà d'Amunt, Masllorenç, el Pla de Santa Maria, Vilafranca del Penedès. **9.** L'Arbóç, Verges. **12.** Argentona. **13.** Vidrà. **15.** Santa Margarida de Montbui. **17.** Benissanet, Corbera de Ll., Garcia, la Granadella, Llagostera, Massalcoreig, Móra d'Ebre, el Perelló, Pratdip, Querol, Salou, Sant Antoni de Vilamajor, Santa Margarida i els Monjos, Sarroca de Lleida, la Torre de l'Espanyol, Vilabella, Vilanova i la Geltrú, Vila-seca, Vimbodí i Poblet, Tibenys. **18.** Ascó, Besalú, les Borges del Camp, Montbrió del Camp. **19.** Ascó, Besalú, Camós, Polinyà, Puig-reig. **20.** Alcarràs, Alfarràs, Almenar, Begues, Bigues, la Bisbal del Penedès, la Canonja, Castellserà, Constantí, Cunit, Espolla, la Granja d'Escarp, Isil, Maials, el Masroig, Matadepera, Miralcamp, Moià, Monistrol de Montserrat, Òdena, Olesa de Bonesvalls, Olvan, Oristà, els Pallaresos, Pontons, Rodonyà, Sant Jaume dels Domenys, Sant Llorenç d'Hortons, Sant Pere Pescador, Santa Maria d'Oló, Soses, Súria, Taradell, Térmens, Torredembarra, Torrefarrera, Torrelameu, Vallirana, Vallmoll, Viladecans, Vilafranca del P., Vilagrassa, Vilanova de Segrià, Vila-

nova d'Escornalbou, Vilaplana, Vila-rodona. **21.** Aiguamúrcia, els Hostalets de Balenyà, Sant Fruitós de Bages. **22.** Cabanes, Castellbisbal, Esterri d'Àneu, Font-rubí, Gualba, Llançà, Mollet del Vallès, Prats de Lluçanès, Riells del Fai, Sant Vicenç de Calders, Sant Vicenç de Castellet, Sant Vicenç de Montalt, Sant Vicenç de Torelló, Sant Vicenç dels Horts, Torregrossa, Tossa de Mar, Vallromanes. **25.** Sant Pere de Ribes, Sant Pol de Mar, Torrelles de Ll. **25-26.** Alforja, Cabrera de Mar, Parets del Vallès, Santa Maria de Palautordera, Torrelavit, Vilamalla. **26.** Puigpelat, Vilajuïga. **28.** El Pla de Sant Tirs. **29.** Benavent de Segrià. **CATALUNYA NORD: 18-19.** El Voló. **20.** Tuïr. **ANDORRA: 7.** Sant Julià de Lòria. **17.** La Massana.

FEBRERO

1. Torres de Segre. **1-2.** Palau Saverdera. **2.** L'Ametlla de Mar, Botarell, Castelló d'Empúries, la Pobla de Mafumet, Valls. **3.** L'Aleixar, Algerri, Bot, Cabacés, Castellnou de Seana, l'Espluga Calba, la Fatarella, el Palau d'Anglesola, Vila-sacra. **5.** Calaf, Capmany, Cervera. **6.** Capellades. **8-9.** L'Hospitalet de Ll. **9.** Aitona. **12.** Banyeres del Penedès, Barcelona, Esparreguera, Pallejà, Saifores. **14.** Les Cabanyes, Navarcles. **21.** Manresa.

MARZO

7. Santa Perpètua de Mogoda. **15-16.** Barri del Pi (Barcelona). **16.** Castellgalí. **18.** Horta de Sant Joan. **19.** Llívia, Picamoixons, Sant Jaume de Miami Platja. **24.** Almacelles. **25.** Puigpelat.

ABRIL

3. Sant Martí de Tous **23.** Aldover, Montgat, Puigverd de Lleida, **25.** Balsareny, Berga. **26-27.** Figaró-Montmany, Horta de Sant Joan, Llívia, Peralada, Puig-reig, Sant Salvador de Guardiola, Sentmenat. **27.** La Cellera de Ter, Tortellà, Vila-sana. **28.** Òdena, Piera, **29.** La Portella, Vilassar de Dalt.

MAYO

1. Rocafort (Bages), Sant Aniol de Finestres. **2.** Riba-roja d'Ebre. **3.** Cabrils, Figueres, Salardú. **3-4.** Bell-lloc d'Urgell, Cabra del Camp, Celrà. **4.** Barberà de la Conca, Montagut i Oix, Torrelameu, Torre-Serona. **8.** El Bruc, Sanaüja, Soses, la Vall de Bianya. **9.** Santa Bàrbara, Sant Gregori. **10-11.** Albatàrrec, Figuerola del Camp. **11.** Badalona, Casserres, Cerdanyola del V., Cruïlles, Lleida, Ripoll, Sant Gregori, Serinyà, Vallfogona de Balaguer. **12.** Passanant. **14.** Balsareny, Montblanc, Tàrrega, Tremp. **15.** Bellcaire d'Urgell, Cervià de les Garrigues, Gimenells i el Pla de la Font, Guils de Cerdanya, Juncosa, Masquefa, la Palma de Cervelló, la Vall de Bianya. **16.** Mollerussa. **17-18.** Porqueres, Vilablareix. **18.** Castellar del V. **19.** Aitona. **20.** El Port de la Selva, Sant Boi de Ll. **22.** Bonastre, Corbins, Linyola. **24-25.** Camós, Castellví de Rosanes, les Preses. **26.** Vacarisses. **31.** Granollers. **ANDORRA: 5.** Les Escaldes.

JUNIO

1. Granollers, Ivars d'Urgell. **5.** Guissona. **8.** La Pobla de Lillet, Sant Feliu de Pallerols. **8-9.** Barberà del V., Vallbona d'Anoia. **13.** Bellver de Cerdanya, Tiana. **14-15.** Sant Gervasi de Cassoles (Barcelona). **15.** Santpedor. **16.** Calella, Durro, Muntanyola, Sant Quirze de Besora, Sant Quirze Safaja, Valldoreix. **18.** La Pobla de Segur. **21.** Camprodon. **21-22.** Vernet. **22.** Badia del Vallès, Cornellà de Ll. **24.** L'Ampolla, Artíes, Boí, Campdevànol, Castellar de n'Hug, l'Hospitalet de Ll., Llorenç del Pendès, Les, Montgat, Olesa de Montserrat, Palamós, Pineda de Mar, la Pobla

de Mafumet, Prats de Lluçanès, Sant Hilari Sacalm, Sant Joan de Vilatorrada, Sant Joan Despí, Sant Joan les Fonts, Sant Pere de Ribes, la Torre de Claramunt, Valls, Vilada, Vilassar de Mar, Vinyols i els Arcs. **28-29.** Callús. la Gornal, Montmeló. **29.** Abrera, Alfarràs, Alp, Begur, Bigues, Calafell (Sant Pere), Calella de Palafrugell, Cambrils, Canet de Mar, Escunhau, Figueres, Gavà, Les, Lles de Cerdanya, el Masnou, Montbrió del Camp, Olopte, Perafita, Perafort i Puigdelfí, Premià de Dalt, Reus, Riudecols, Rubí, Sant Cugat del V., Sant Pere de Ribes, Sant Pere de Torelló, Sant Pere de Vilamajor, Sant Pere Pescador, Tossa de Mar, l'Hospitalet de l'Infant.
CATALUNYA NORD: 24. Els Banys d'Arles, Perpinyà. **25.** Canet de Rosselló. **29.** Prada.
ANDORRA: 19. Escaldes-Engordany.

JULIO
3. Bellavista, Sant Fruitós de Bages. **4.** Bellavista. **5.** Barberà del V., Hostalric, Vic. **5-6.** Artesa de Lleida, Polinyà, Terrassa. **6.** Llampaies, Maçanet de Cabrenys, la Pobla de Claramunt, Roquetes, Sant Esteve Sesrovires, Sant Quirze del V., Santa Eulàlia de Ronçana. **8.** Guissona. **9.** Arenys de Mar. **10.** Castellvell del Camp, Cunit, la Granada, Lliçà de Vall, Premià de Mar, Súria, Vallfogona de Riucorp, Vilaverd. **12-13.** Calonge, Lladó, Pallejà, Saifores, Santa Bàrbara, Viladecavalls. **13.** Banyeres del Penedès, Esparreguera. **16.** Albinyana, Alcanar, Alcoletge, l'Ampolla, Calafell (Sta. Creu), Navata, Tarragona (el Serrallo), Vilassar de Mar. **17.** Celrà. **18.** Pratdip. **19-20.** Canyelles, Castellserà, Ullà. **20.** Gòsol, Olesa de Bonesvalls, Palafrugell, Puig-

cerdà, Quart, la Riera de Gaià, Sant Andreu de Llavaneres, Sant Gregori, Sant Martí Sarroca, Santa Margarida de Montbui, Santa Margarida i els Monjos. **22.** Bonastre, Corbera de Ll., Esplugues de Ll., Masquefa, la Nou de Gaià, el Pont d'Armentera. **24.** L'Armentera, Lloret de Mar, Santa Cristina d'Aro. **25.** Arties, Avinyonet de Puigventós, Begues, Belianes, Benissanet, Bràfim, Camarles, Creixell, Espolla, la Granja d'Escarp, els Hostalets de Pierola, Monistrol de Montserrat, Mont-ras, Montroig del Camp, les Planes d'Hostoles, Portbou, Queralbs, Riudoms, Salt, Sant Carles de la Ràpita, Sant Jaume de Domenys, Sant Jaume de Llierca, Sant Jaume de Miami Platja, Sant Jaume d'Enveja, Sant Jaume de Viladrover, Sant Martí de Centelles, Sant Pol de Mar, Santa Maria del Camí, Sarral, Tivissa, la Torre de l'Espanyol, Vandellòs, Xerta. **26.** Blanes, l'Estartit, Llavorsí, Nulles, el Pla del Penedès, Queralbs, el Vendrell. **26-27.** Arbúcies, l'Espluga de Francolí, Figuerola del Camp, Joanetes, Jorba, Masdenverge, Olivella, el Papiol, Parets del V., Puigverd de Lleida, Riudecanyes, Sant Fost de Campsentelles, Sant Julià de Vilatorta, Sant Vicenç dels Horts, Vilajuïga. **27.** Almoster, Canovelles, Clariana, Coll de Nargó, Fornells de la Selva, Mataró, el Pont de Vilomara i Rocafort, Sant Cugat Sesgarrigues. **28.** Fortià, **30.** Cubelles, Gualta, el Morell, Òrrius, Vilallonga del Camp.
CATALUNYA NORD: 5-6. Sant Cebrià de Rosselló. **20.** Prats de Molló. **25.** Vilafranca del Conflent. **26-27.** Bompas.
ANDORRA: 3. Ordino. **19.** Canillo. **25-27.** Les Escaldes. **27.** Sant Julià de Lòria.

AGOSTO

1. Alella, Cabrera de Mar, Constantí, Gerri de la Sal, Monistrol de Calders, Parlavà, Sant Feliu de Guíxols, Sant Feliu de Pallerols, Sant Iscle de Vallalta, Sort, Torelló, Vall de Boí (Barruera), Vilabella. **2.** Cervelló, la Garriga, Oliana, Olius, Vila-sacra. **3.** Bagà, Olzinelles, la Riba, Vila-seca. **2-3.** Batea, Cabrera d'Anoia, Caldes de Malavella, Castellgalí, la Fatarella, Fontcoberta, Móra la Nova, Pals, la Pobla de Montornès, el Pont de Suert, Riells i Viabrea, Sant Guim de Freixenet, Sant Pere de Riudebitlles, Vacarisses. **4.** Argentona, Bordils, Font-rubí, la Llacuna, Salàs de Pallars, Sant Esteve de Palautordera, Sant Quirze Safaja, Sant Vicenç de Calders, la Serra d'Almos, Tona. **5.** Baqueira, el Port de la Selva, Vilanova i la Geltrú. **6.** Golmés, Miravet, els Pallaresos, Peratallada, Sant Just Desvern, Sant Pau d'Ordal, Sant Salvador de Guardiola, Subirats, Vimbodí i Poblet. **7.** Peratallada, Riells del Fai. **9.** Solivella. **10.** Argensola, Bescanó, Botarell, Esterri d'Àneu, Guardiola de Berguedà, Llorenç del Penedès, el Pinell de Brai, Sant Climent de Ll., Sant Feliu de Ll., Sant Llorenç, Sant Llorenç d'Hortons, Sant Llorenç de Morunys, Sant Llorenç Savall, Vila-rodona. **11.** Santa Susanna. **12-13.** l'Esquirol, Soriguera. **13.** Maçanet de la Selva, Pla de Sant Tirs, Sant Hipòlit de Voltregà, Ribera d'Urgellet. **14.** Aiguamúrcia. **15.** Àger, Agullana, Aiguafreda, Albesa, Alcanar (les Cases), l'Aldea, Amer, Amposta, Arbeca, Banyoles, Barbens, la Bisbal d'Empordà, la Bisbal del Penedès, Bossòst, el Bruc, la Canonja, Capellades, Castellbell i el Vilar, Castellcir, Castell-Platja d'Aro, Castellvell del Camp, Castellví de la Marca, el Catllar, la Cellera

de Ter, Corbera d'Ebre, Cubelles, Darnius, Deltebre, Falset, Figuerola d'Orcau, Flix, Florejacs, Garcia, Gósol, Gràcia (Barcelona), Gualba, Linyola, Maials, Manlleu, Marçà, Martorell, Moià, Montmeló, Navarcles, Odèn, Olost, Organyà, la Palma de Cervelló, el Pla de Santa Maria, Platja d'Aro, Querol, Rajadell (Sant Amanç), Ribes de Freser, Rocafort, Roses, Sant Boi de Lluçanès, Sant Vicenç de Montalt, Santa Pau, Sarroca de Lleida, la Secuita, Segur de Calafell, Seva, Sils (Vallcanera), Solivella, Su, Torregrossa, Torrelavit, Tortellà, Ullastrell, Vall de Cardós, Vallmoll, Vallvidrera (Barcelona), Vilabertran, Vilaller, Vilanova de la Barca, Vilanova de Sau, Vilobí del Penedès. **16.** Almenar, Arenys de Mar, Banyoles, Barberà de la Conca, Castellnou de Bages, Gualba, l'Hospitalet de l'Infant, Malgrat de Mar, Ribes de Freser, Rubí, Santa Coloma de Cervelló, Vilobí del Penedès. **16-17.** Avinyonet del Penedès, Cabra del Camp, Cardedeu, Castelldefels, Castellví de la Marca, l'Espluga Calba, Sant Martí de Sesgleioles. **17.** Bàscara, Cabrils, Castelló d'Empúries, Cornudella de Montsant, Fonollosa, Gelida, Gironella, Sant Quintí de Mediona, Talarn, Urús, Vall-llebrera. **19.** Tarragona, Vulpellac. **20.** Ascó, Castellbisbal, Garriguella, Vulpellac. **21.** Blanes, Sant Privat d'en Bas.

23-24. Isil, el Masroig. **24.** Albinyana, Algerri, l'Arboç, Bordils, Campllong, Cervià de Ter, els Hostalets de Balenyà, Igualada, Massalcoleig, Montferrer i Castellbò, el Montmell, Navàs, Orís, Palafolls, Riba-roja d'Ebre, Roda de Berà, Sant Bartomeu del Grau, Santa Coloma de Queralt, Santa Maria d'Oló, Santes Creus, Sants (Barcelona), la Sènia, Sidamon, Sitges, Taradell, Tordera, Torrelles de Foix, Torroella de Mont-

grí, Vallbona d'Anoia, Vilassar de Dalt. **25.** L'Ametlla del V., Vilanova del V. **26.** Saldes. **28.** Granollers, Santa Oliva, Vilanova d'Escornalbou. **29.** Benavent de Segrià, el Palau d'Anglesola, Palau-Saverdera, Rodonyà, Sant Climent Sescebes, Vinaixa. **30.** Porquerisses, Vilafranca del Penedès, el Vilar. **30-31.** Avià, Casserres, Cervera, Juneda, Miralcamp, Palau-solità i Plegamans, Pineda de Mar, Sant Hilari Sacalm, Sant Hipòlit de Voltregà, Sant Julià de Llor, Santa Eulàlia de Riuprimer, Vinaixa. **31.** Castellterçol, Isona i Conca Dellà, Manresa, Matadepera, Mediona, els Plans de Sió, Ripollet, Sant Ramon, la Seu d'Urgell, Tavertet, la Torre de Cabdella, Torroella de Fluvià, Ulldecona, Vallfogona de Ripollès, **CATALUNYA NORD: 3.** Sant Esteve del Monestir. **6.** La Roca d'Albera. **10.** Sant Llorenç de Cerdans, Sant Llorenç de Salanca. **12-13.** Cotlliure. **15.** Toluges. **26-27.** Montlluís.
ANDORRA: 5. Andorra la Vella. **15.** Encamp. **16.** Canillo, la Massana.

SEPTIEMBRE

1. Centelles, Dosrius, Figaró-Montmany, Fondarella, Ger, Manresa, Pinós, Torà, Vall de Núria, Vilamalla. **2.** Castelldans, l'Escala, Rosselló, Tortosa. **4.** Torredembarra. **5.** Soses. **6-7.** Agramunt, Calaf, Gandesa, la Jonquera, Sabadell, Sarrià de Ter, Vilagrassa, Vilanova de Bellpuig, Ullà, Verdú, Vidreres, Vilanova de Bellpuig. **7.** Àger, Artés, les Borges Blanques, Llerona, la Pobla de Massaluca, Sant Andreu de la Barca, Sant Quirze del V., Santa Coloma de Gramenet, Santa Eugènia de Berga, Vilanova del Camí. **8.** Aldover, Benifallet, les Borges del Camp, Breda, Caldes d'Es-

trac, Cambrils, Canet de Mar, Castell-Platja d'Aro, Horta de Sant Joan, Juncosa, Llers, Llinars del V., Menàrguens, les Masies de Voltregà, Montblanc, Olot, Palafolls, Piera, la Pobla de Cérvoles, la Pobla de Montornès, Pont de Molins, Pratdip, Puigcerdà, la Ràpita, Ribera de Cardós, la Salut (Barcelona), Sanaüja, Sant Adrià de Besòs, Sant Celoni, Sant Vicenç de Torelló, Santa Maria de Besora, Santa Maria de Martorelles, Santa Maria de Montcada, Seròs, Solsona, Tagamanent, Torrelles de Foix, Tremp, Vall de Núria, Vielha e Mijaran, Viladecans, Viladrau, Vilanova de Segrià, Vimbodí i Poblet. **10.** Canyelles, Tàrrega. **11.** Altafulla, Cadaqués, Calders, Canyelles, Llampaies, Saus. **13.** Bellcaire d'Urgell. **13-14.** Castellar del V., la Granadella, Horta (Barcelona), la Llagosta, Lliçà d'Amunt, Ponts. **14.** Anglesola, Bellpuig, Cardona, Castellnou de Seana, Folgueroles, Martorelles, la Riera de Gaià, Sallent, Sant Cugat Sesgarrigues, Sant Feliu Sasserra, Sant Joan de les Abadesses, Torrefarrera, Vilobí d'Onyar. **16.** Collbató, Tiana, Unha, Vilafant. **18.** Corró d'Avall, Vilabertran. **19.** Cervelló. **20-21.** Avinyó, la Portella, Sant Feliu de Codines, Verges. **21.** Aiguaviva, Alcoletge, Begur, Besalú, Campdevànol, Castellfollit de la Roca, Creixell, Esplugues de Ll., Fogars de la Selva, les Franqueses del V., Palamós, Riudarenes, Riudecanyes, Sant Esteve d'en Bas, Vallirana. **22.** Montornès del V. **23.** Calella, Calldetenes, Roda de Ter, Sitges, Tarragona. **24.** Alguaire, Almacelles, Barcelona, Santa Coloma de Farners, Vallgorguina. **25.** Reus. **26.** Artesa de Segre, la Nou de Gaià, el Prat de Ll., Sarral, Sils, Vandellòs. **27.** Tredós. **27-28.** Alforja, Canet d'Adri, Cervera, Colera, Llessui, les Masies

de Roda, les Planes d'Hostoles, Sant Cebrià de Vallalta, Sant Pere de Torelló, Vallfogona de Balaguer. **28.** Alguaire, Sant Fost de Campsentelles, Vidrà. **29.** Almoster, Barceloneta (Barcelona), Bell-lloc d'Urgell, Castellar de n'Hug, Cervià de les Garrigues, Lleida, Molins de Rei, Mont-roig del Camp, Os de Balaguer, Riudellots de la Selva, la Roca del V., Sant Julià de Ramis, Segur de Calafell, Tivenys, Vallromanes, Vila-sana. **Catalunya Nord: 8.** Formiguera, Sant Cebrià de Rosselló. **21.** Ceret. **26.** Argelers. **29.** Els Angles. **Andorra: 8.** Canillo. **16.** Ordino.

OCTUBRE
3. Betren. **4-5.** Corçà, Medinyà, Riudecols, Sarrià (Barcelona). **5.** La Pobla de Lillet, Sudanell, Vilanova de la Barca. **8.** Gimenells i el Pla de la Font. **10.** Caldes de Montbui. **11.** Arenys de Munt. **11-12.** Callús, Cercs, les Corts (Barcelona), la Granada, Santa Maria de Palautordera. **12.** Albatàrrec, Anglès, Flaçà, Miravet, les Preses, Rosselló, les Valls de Valira, Vilaplana. **18.** Alcover. **18-19.** Banyoles. **26.** Bellvís. **28.** Mataró. **29.** Girona, Olèrdola. **30.** Salou. **Catalunya Nord: 11-12.** Sallagosa. **12.** Els Banys d'Arles. **18.** Perpinyà.

NOVIEMBRE
7. Falset. **8.** Barbens. **9.** Balaguer. **11.** L'Aleixar, Altafulla, Arenys de Munt, l'Armentera, el Brull, Calonge, Camp de l'Arpa (Barcelona), Cerdanyola del V., el Clot (Barcelona), el Far d'Empordà, Ginestar, Guils de Cerdanya, Jafre, Maçanet de Cabrenys, el Morell, Mura, Pau, Perelada, Porrera,

Puig-reig, Riells i Viabrea, Saldes, Sant Celoni, Sant Martí de Provençals (Barcelona), Sant Martí de Riucorb, Sant Martí de Tous, Sant Martí Sarroca, Sant Martí Sesgleioles, Sentmenat, Talarn, Teià, Torrelles de Ll., la Verneda (Barcelona), Vilablareix, Viladecavalls, Vilallonga del Camp, Vilallonga de Ter, Vilaverd, Xerta. **15-16.** Vidrà. **17.** Bàscara, Rajadell, Vidreres. **18.** Lloret de Mar. **21.** La Pobla de Cérvoles. **22.** Odèn. **23.** Sant Climent de Ll., Sant Climent Sescebes, Sant Llorenç Savall, Vilaller. **24.** Riudoms. **25.** Arbeca, Vinyols i els Arcs. **29.** Castellví de Rosanes, Montornès del V., la Riba, la Roca del V., Sant Sadurní d'Anoia. **29-30.** Sant Andreu de Llavaneres, la Selva del Camp, Serinyà. **30.** Castellcir, Estanyol, Gurb, Ivars d'Urgell, Oristà, Òrrius, Salardú, Sant Andreu de la Barca, Sant Andreu de Palomar (Barcelona), Santa Coloma de Gramanet, Tona.

DICIEMBRE
4. Santa Bàrbara, Torres de Segre, Vallfogona de Riucorp. **5.** Vilobí d'Onyar. **6.** Malgrat de Mar. **6-7.** Berga, Borrassà, Castelldefels. **7.** Crespià, Puigdàlber. **8.** Aiguafreda, Montesquiu, Sant Feliu de Ll. **10.** Bràfim, Garriguella, el Papiol, Santa Eulàlia de Riuprimer, Santa Eulàlia de Ronçana. **13.** Aiguamúrcia, Caldes d'Estrac, la Fuliola, Santes Creus. **14.** Gavà. **18.** Cadaqués. **21.** Ger. **26.** Castellar del V., Sant Esteve Sesrovires. **27.** Marçà. **30.** Centelles. **31.** Santa Coloma de Cervelló, Santa Coloma de Gramenet, Santa Coloma de Queralt. **Catalunya Nord: 10.** Elna.

Dibujos de Xavier Nogués

MERCADOS

El mercado de Valls, desde 1210

El año 1210, el rey Pere el Católico otorgaba a Valls
el privilegio de celebrar mercado
cada miércoles, todas las semanas del año.
Valls había nacido hacía poco tiempo,
durante el proceso de repoblación del Camp de Tarragona,
en la segunda mitad del siglo XII.
Cruce de caminos entre la costa y las tierras del interior,
se convirtió en un importante centro comercial y económico.

BARCELONA

Lunes: Arenys de Munt, Barberà del Vallès, Begues, Cardedeu, Castellbisbal, Gelida, Manlleu, Pallejà, Parets del V., Polinyà, Sant Feliu de Llobregat, Santa Coloma de Gramenet, Teià. **Martes:** Cabrera de Mar, Cabrils, Caldes de Montbui, Capellades, Cornellà de Ll., Gavà, Manresa, el Masnou, Masquefa, Mollet del V., Premià de Dalt, Sabadell, Sant Adrià de Besòs, Sant Climent de Llobregat, Sant Fruitós de Bages, St. Jordi (Cercs), Sant Martí de Centelles, Sant Pere de Riudebitlles, Tiana, Vic, Vilafranca del Penedès. **Miércoles:** Artés, Avinyó, Badalona (*encantes*), Bagà, Bellavista, Canet de Mar, Castellbell i el Vilar, Castelldefels, Cervelló, Esplugues de Ll., Folgueroles, Gironella, la Llacuna, Manresa, Mataró, Montcada, Montesquiu, Montmajor, Montornès del V., Parets dle V., Perafita, Pineda de Mar, Ripollet, Sabadell, Sant Celoni (*avícola*), Sant Just Desvern, Sant Llorenç d'Hortons, Santa Coloma de Cervelló, Taradell, Terrassa, Torelló, Vallirana, Viladecans, Vilassar de Dalt. **Jueves:** Badia del Vallès, Balsareny, Casserres, Castellgalí, Castellnou de Bages, Cornellà de Ll., Esparreguera, Granollers (*avícola*), la Llagosta, Malgrat de Mar, Matadepera, Mataró, Monistrol de Montserrat, la Palma de Cervelló, el Prat de Llobregat, Premià de Mar, Roda de Ter, Sabadell, Sant Hipòlit de Voltregà, Sant Joan de Vilatorrada, Sant Joan Despí, Sant Julià de Vilatorta, Sant Pere de Torelló, Sant Sadurní d'Anoia, Sant Vicenç de Montalt, Sant Vicenç dels Horts, Santa Coloma de Gramenet, Santa Perpètua de Mogoda, Seva, Vilassar de Mar. **Viernes:** Aiguafreda, Alella, l'Ametlla del Vallès, Argentona, Badalona (*encantes*), Caldes d'Estrac, Cerdanyola del V., Cubelles,

l'Esquirol, Llinars del Vallès. Mataró, Montmeló, Montornés del V., Navarcles, Olesa de Montserrat, Olost, Pineda de Mar, Puig-reig, la Roca del Vallès, Sabadell, Sant Andreu de la Barca, Sant Andreu de Llavaneres, Sant Boi de Ll., Sant Pere de Ribes, Sant Pol de Mar, Sant Quirze de Besora, Sant Vicenç de Castellet, Sant Vicenç dels Horts, Santpedor, Sentmenat, Tona, Torrelles de Foix, Vilanova del Camí. **Sábado:** Arenys de Mar, Badalona (*encantes*), Berga, Bigues i Riells, Calaf (*desde 1226*), Calders, Calella, Cànoves i Samalús, Castellar del Vallès, Castellterçol, Cornellà de Ll., Corró d'Avall, Esplugues de Ll., les Franqueses del Vallès, la Garriga, Granollers, els Hostalets de Balenyà, Igualada, Lliçà de Vall, Martorell (*avícola*), Martorelles, Mataró, Molins de Rei, Navàs, Òrrius, Palafolls, Palau-Solità, Piera, la Pobla de Lillet, Rellinars, Riells i Vilabrea, Rubí, Sabadell, Sant Cebrià de Vallalta, Sant Esteve de Palautordera, Sant Feliu de Codines, Sant Pere de Vilamajor, Sant Quintí de Mediona, Sant Sadurní d'Anoia, Santa Coloma de Gramenet, Santa Eulàlia de Rançana, Santa Margarida de Montbui, Santa Maria de Palautordera, Santa Susanna, Súria, Vic, Viladecavalls, Vilafranca del Penedès, Vilanova i la Geltrú. **Domingo:** Barcelona (Zona Franca), Calldetenes, Canyelles, Cardona, Centelles, Collbató, Dosrius, Lliçà d'Amunt, les Masies de Voltregà, Moià, Prats de Lluçanès, Sallent, Sant Antoni de Vilamajor, Sant Esteve Sesrovires, Sant Quirze del Vallès, Sant Salvador de Guardiola, Sant Vicenç de Torelló, Santa Eugènia de Berga, Santa Margarida i els Monjos, Tordera, la Torre de Claramunt, Vallgorguina, Vilanova del Vallès. **Primer sábado:** Canet de Mar, Montgat, el Papiol, Sitges. **Segundo**

89

y último sábado: Sant Cugat. **Tercer sábado:** El Papiol. **13 de abril:** Vic (*"Mercat del Ram"*). **Sábados de septiembre y octubre:** Guardiola de Berguedà (*seta*).

GIRONA

Lunes: Cadaqués, Olot, Riudellots de la Selva, Santa Coloma de Farners, Torroella de Montgrí. **Martes:** Besalú, Bescanó, Bordils, Caldes de Malavella, Campdevànol, Castelló d'Empúries, l'Estanyol, Hostalric, Lloret de Mar, Sant Joan les Fonts, Vilablareix, Verges. **Miércoles:** Amer, Banyoles, Begur, Cassà de la Selva, Llançà, Molló, Palamós (*desde 1277*), Puigcerdà, Salt, Sant Antoni de Calonge, Sant Pau de Segúries, Sant Pere Pescador, Sarrià de Ter. **Jueves:** Calonge, la Cellera de Ter, l'Estartit, Figueres (*ropa*), Llagostera, Tossa de Mar, Vidrà, Vidreres, Viladrau. **Viernes:** La Bisbal d'Empordà, Celrà, les Planes d'Hostoles, Platja d'Aro, Porqueres, el Port de la Selva, Salt, Sils. **Sábado:** Alp, Anglès, Cassà de la Selva, Castellfollit de la Roca, Castelló d'Empúries, Girona, Llívia, Ribes de Freser, Ripoll, Sant Feliu de Pallerols, Sant Miquel de Fluvià, Santa Coloma de Farners, Santa Cristina d'Aro, Ullà, Vilafant. **Domingo:** Arbúcies, Bàscara (*desde 1187*), Breda, Camprodon, L'Escala, Fornells de la Selva, la Jonquera (*avícola*), Palafrugell, les Preses, Puigcerdà, Riudarenes, Roses, Sant Feliu de Guíxols, Sant Gregori, Sant Hilari Sacalm, Sant Joan de les Abadesses, Santa Pau, Tortellà. **24 de marzo:** Llagostera (*mercado romano*). **18-20 de abril:** Sant Climent Sescebes (*mercado romano*).

TARRAGONA

Lunes: L'Ametlla de Mar (exc. festivos), la Canonja (exc. festivos), el Pla de Santa Maria, Reus (*desde 1309*), Salou, Santa Coloma de Queralt (*desde 1222*), Tortosa, Vandellós. **Martes:** Alcover, l'Aleixar, Amposta, l'Arboç, Batea, Calafell, Camarles, Flix, Gandesa, Horta de Sant Joan, Tarragona, Tivissa, Torredembarra, Vila-rodona. **Miércoles:** L'Aldea, Alforja, l'Ampolla, la Bisbal del Penedès, Cambrils, Castellbell del Camp, Corbera d'Ebre, Cornudella de Montsant, L'Espluga de Francolí, Falset, Móra la Nova, la Pobla de Mafumet, la Selva del Camp, la Sènia, Tivenys, Valls, Vilallonga del Camp. **Jueves:** Alcanar, l'Ametlla de Mar (exc. festivos), Batea, Benifallet, Constantí, Cunit, Deltebre, Flix, Roda de Berà, Sarral, Tarragona, Vallmoll, Vila-Seca. **Viernes:** Ascó, Horta de Sant Joan, Montblanc, Mont-roig del Camp, Móra d'Ebre, Prades, Roquetes, Sant Jaume d'Enveja, Segur de Calafell, Tortosa, Ulldecona, El Vendrell. **Sábado:** Batea, les Borges del Camp, Comarruga, Flix, Miravet, el Morell, el Perelló, la Pobla de Montornès, Reus, Santa Bàrbara, Sant Carles de la Ràpita, Santa Bàrbara, Santa Oliva, la Sènia, Solivella, Tivenys, Tortosa, Valls, Xerta. **Domingo:** Albinyana, Benis-

sanet, Creixell, l'Hospitalet de l'Infant. **Segundo domingo:** L'Albiol. **17-18 de mayo:** Amposta (*Fiesta del Mercado*).

LLEIDA

Lunes: Corbins, Tàrrega, Tremp. **Martes:** Bellvís, les Borges Blanques, Bossòst, Castellserà, Sant Ramon de Portell, la Seu d'Urgell, Sort. **Miércoles:** Agramunt, Aitona, Alcoletge, Almenar, Belllloc d'Urgell, Maials, Mollerussa, la Pobla de Segur, Ponts. **Jueves:** L'Albí, Almacelles, Barbens, Bellver de Cerdanya, la Fuliola, Gòsol, Guissona, Ivars d'Urgell, Juneda, Linyola, Sant Guim de Freixenet, Viella, Vilaller, Vinaixa. **Viernes:** Alfarràs, Alguaire, Arbeca (exc. festivos), Artesa de Lleida, Castelldans, Cervera, Gimenells, Les, el Pont de Suert, Solsona, Torà, Torregrossa, Torres de Segre. **Sábado:** Arties, Balaguer, les Borges Blanques, Oliana, la Seu d'Urgell, Torrefarrera (Lleida). **Domingo:** Artesa de Segre, Esterri d'Àneu, Fondarella, Organyà (*avícola*), Os de Balaguer, Sanaüja, Sant Llorenç de Morunys, Torrefarrera (Lleida).

ANDORRA

Sábado: Encamp.

CATALUNYA NORD

Martes: Els Angles, Tolugues. **Jueves:** Montlluís, Sant Llorenç de Salanca. **Viernes:** Tolugues. **Sábado:** Formiguera, Prada de Conflent, Sant Llorenç del Monestir. **Martes a domingo:** Perpinyà. **Domingo:** Sant Llorenç de Salanca.

FERIAS

Feria ganadera de Olot, desde 1315

El rey Jaume II concedió a la villa de Olot, en 1315, el privilegio de celebrar una feria por San Lluc (18 de octubre). Estaba vinculada a la trashumancia de los rebaños y era un mercado de compra y venta de animales. Hoy en día, la feria se celebra el fin de semana más próximo a la festividad de San Lluc (patrón de los pintores) y, aun manteniendo un espacio para la ganadería, ha diversificado su oferta con una feria del dibujo y un mercado de artesanía, trastos viejos, ropa y vehículos de ocasión.

ENERO. 5. Casserres. **11-12.** Vilanova del Camí. **18-19.** Anglès, les Borges Blanques *(aceite)*, Espolla *(aceite)*, Falset, Santa Pau *(fríjol)*. **25.** L'Espluga de Francolí *(desde 1565)*, Sant Pol de Mar. **25-26.** Móra la Nova *(aceite)*. **26.** Òdena, Sant Pere de Torelló, Tàrrega.

FEBRERO. 1. La Vall de Bianya *(farro)*. **1-2.** Molins de Rei *(desde 1852)*. **2.** Perafita, La Pobla de Claramunt. **9.** Bagà. **15-16.** Riudellots de la Selva *(cerdo)*. **22-23.** Manresa. **23.** Balsareny. **29-30.** Crespià *(miel)*, Jesús *(aceite)*.
Catalunya Nord: 30. Illa *(cerdo)*.

MARZO. 1-2. Sant Bartomeu del Grau *(naturleza y montaña)*. **3.** Sant Cugat del Vallès. **6.** Bescanó *(embutido)*. **8-9.** Batet de la Serra *(trigo sarraceno)*, Caldes de Montbui *(la olla y el caldero)*, Godall *(aceite y espárrago)*. **9.** La Cellera de Ter *(matanza del cerdo)*, Mollet de Peralada *(bacalao)*, Tortellà. **15-16.** Alella, Olot *(embutido)*. **16.** Capellades, Castellterçol *(brocanteros y anticuarios)*, Gironella. **19.** Castellar del Vallès *(judía del "ganxet")*, Mollerussa.

ABRIL. 5. Bàscara *(artesanía)*. **5-6.** Benavent de Segrià, Ripoll, Salt *(flor y plantel)*, Vilafant *(conejo)*. **6.** Bescanó *(embutido)*, el Port de la Selva *(espárrago)*, Roda de Ter *(semilla tradicional)*. **12.** Riudecanyes. **12-13.** Terrassa *(aceite)*, Tordera. **13.** Vic *(queso)*. **17-18.** Sort *(queso)*. **19-20.** L'Aldea *(arroz)*, Santa Eulàlia de Ronçana *(plantel)*. **20.** Castellcir. **21.** Bossòst. **26-27.** Artés, Campllong *(agrícola, ganadera y multisectorial)*, Gavà *(espárrago)*, Martorell, Premià

de Mar, Piera, Puigverd de Lleida. **27.** Begues *(cerveza)*, Peratallada *(hierbas)*. **29.** Sant Antoni de Vilamajor *(transhumancia)*. **30.** Balaguer.

MAYO. 1. Balaguer, la Bisbal d'Empordà, Calders *(ganadera)*, Olot, Premià de Dalt *(artesana)*. **3.** Agramunt, Puigcerdà, Vilaller *(ganadera)*. **3-4.** Cardona *(sal)*, Cervera *(pan)*, Falset *(vino)*, Figueres. **4.** Callús, Navàs, Olost, Sant Pol de Mar *(fresa)*, Terrassa. **10-11.** Cànoves i Samalús *(remedios)*, Mataró, Sant Feliu de Ll., Sant Joan de les Abadeses, Tremp *(cordero)*, Viladecans. **11.** L'Ametlla del V. *(hierbas medicinales y miel)*, Barcelona *(hierbas medicinales y miel)*, Canyelles, Les *(oveja aranesa)*, Sant Cugat del V., Sant Iscle de Vallalta *(fresa y vino)*, Sant Llorenç Savall. **15.** Cervera, Riells i Viabrea, Taradell *(campesinado)*. **17-18.** Cardedeu, Deltebre, Solsona, Vilafranca del Penedès. **18.** Linyola *(camamilla)*. **25.** Alpens *(forja)*. **30.** Balaguer. **31.** Alguaire, Constantí, Manresa, Pinós, Sant Llorenç de Morunys, Santa Coloma de Cervelló *(cereza)*.
Catalunya Nord. 3-4. Vinçà *(granja)*. **16.** Toluges. **31.** Alberes, Ceret *(cereza)*.

JUNIO. 1. Alguaire, Bellcaire d'Urgell, Constantí, Granollers, Manresa, Santa Margarida i els Monjos *(hierbas medicinales)*, Vilanova de Sau *(hierbas medicinales)*. **7.** Sant Julià de Vilatorta *(cerámica)*. **7-8.** Cambrils, el Papiol *(cereza)*, Peralada, Pineda de Mar, Sentmenat *(caracol)*, Torrelles de Llobregat *(cereza)*. **8.** Sant Guim de Freixenet *(huevo)*. **14.** Argençola *(especias)*. **14-15.** Castellet i la Gornal, Vilanova i la Geltrú *(vino)*. **16.** Muntanyola.

21. La Pobla de Segur, Setcases *(hierbas medicinales)*. **21-22.** Esterri d'Àneu, Sort, Vallirana *(vino, cava y payés)*. **24.** Olesa de Montserrat *(cerveza)*. **Catalunya Nord. 22.** Tuïr.

JULIO. 5-6. Colera *(miel)*. **12-13.** Benissanet *(melocotón)*. **19-20.** Bonastre, Móra d'Ebre, Reus *(caballo)*, Santa Eulàlia de Rançana *(tomate)*. **25.** El Catllar, Prats de Lluçanès. **26.** Gòsol. **26-27.** Calella de Palafrugell, Llagostera *(trilla)*, Reus *(caballo)*. **Catalunya Nord: 13.** Toluges *(cebolla)*. **22.** Oceja *(transhumancia)*.

AGOSTO. 2-3. Batea *(vino)*, Mont-roig del Camp, Setcases *(ganadera)*. **3.** Gósol *(siega y trilla)*. **5-6.** Valls. **8-9.** Riudoms *(avellana)*. **10.** Bellver de Cerdanya. **16-17.** Platja d'Aro *(medieval y artesanía)*. **17.** Llavorsí *(oveja)*. **23-24.** Artesa de Segre *(melón)*. **25.** Taradell *(mercado del s.XVII)*. **30-31.** Roquetes *(artesana)*. **Catalunya Nord: 3.** Els Angles.

SEPTIEMBRE. 6-7. Calaf. **8.** Sant Sadurní d'Anoia. **11.** Ribes de Freser *(miel)*. **13-14.** Canet de Mar *(modernista)*, Molló *(patata)*, Setcases *(seta)*. **20.** Les Planes d'Hostoles *(juego y agraria)*. **20-21.** Balaguer, Berga *(ganadera y agrària)*, Calella, Lladó *(queso)*, Santa Coloma de Gramenet, Vilabertran *(manzana)*, Vilagrassa *(almendra)*. **23.** Cassà de la Selva. **24.** Calldetenes. **27.** Santa Coloma de Queralt *(ganado)*. **27-28.** Hostalric, Igualada, Sant Feliu de Codines *(calabaza)*, Sant Feliu de Barruera (Vall de Bohí), Santpedor. **28.** la Pobla de Lillet *(seta)*, Sant Agustí de Lluçanès. **29.** Lleida *(ganadera, desde 1232)*, Segur de Calafell, Vila-sana. **Andorra: 27-28.** Sant Julià de Lòria.

OCTUBRE. 1. Llessui. **4.** Ribes de Freser *(ganadera)*. **4-5.** Alfarràs *(trucha y melocotón)*, Artés *(vendimia)*, Berga *(seta)*, la Bisbal del Penedès *(artesanos)*, Cornellà del Terri *(ajo)*, Peracamps *(injerto)*, la Pobleta de Bellveí *(ganadera)*, Tàrrega, Ventalló *(aceite)*, Villalonga del Camp. **5.** Fonollosa, Horta de Sant Joan, Manlleu *(cerdo y cerveza)*, Sant Llorenç de Morunys *(calabaza)*, Sant Quirze de Besora. **6.** Les *(oveja)*. **7.** Salardú *(ganadera)*, Sedó *(calabazas)*. **8.** Vielha *(ganadera)*. **10.** El Montmell. **11-12.** Agramunt *(turrón y chocolate a la piedra)*, Alcover, Banyoles, Coll de Nargó *(rovellón)*, Dosrius, Rubí, Tivenys, Ulldecona, Vic. **12.** Bellver de Cerdanya *(ganadera)*, Llagostera *(seta)*, Reus, Tarragona. **13.** Espinavell *(ganado de tiro, "tria de mulats")*. **14.** Llimiana. **15.** Ripoll *(oveja)*. **18.** Olot *(des de 1315)*, Ulldecona. **18-19.** Esterri d'Àneu, Font-rubí, Mollerussa *(maquinaria)*, Navàs, Navès, Olesa de Bonesvalls *(oficios)*, el Pla de Santa Maria *(ganadera)*, Sant Celoni *(bosque)*, Santa Coloma de Cervelló *(modernismo)*, la Seu d'Urgell *(la más antigua de la Península)*, Solsona *(seta)*, Ullà *(manzana)*, el Vendrell, Vilobí d'Onyar *(leche)*. **19.** Alcarràs, Guar-

diola de Berguedà *(seta)*, Santa Margarida i els Monjos *(ganadera)*. **21.** Valls. **25-26.** Bellvís, Monistrol de Montserrat *(coca y requesón)*, Móra la Nova *(agrícola-ganadera)*, Sant Iscle de Vallalta *(seta)*, Sant Joan de Vilatorrada, la Selva del Camp *(desde 1503)*, Tirvia, Torrelles de Foix, Viladrau *(castaña)*, Vilanova de Prades *(castaña)*. **26.** Cardona *(seta "llanega")*, Castellterçol *(seta y remedios)*, Isona *(seta)*, el Pont de Suert *(girella)*. **29.** Girona. **31.** Gósol. **Catalunya Nord. 12.** Vernet *(castaña)*. **16.** Perpinyà *(vino joven)*. **19.** Ur *(caballo)*. **25-26.** Perpinyà *(desde 1759)*. **26.** Fullà *(manzana)*. **Andorra. 5.** Sant Julià de Lòria. **19.** Canillo *(ganado)*. **27.** Andorra la Vella *(ganado)*.

NOVIEMBRE. 1. Calaf *(calabaza)*, Girona, Guardiola de Berguedà, Oliana, Sant Feliu Saserra, Sant Salvador de Guardiola *(campesinado y artesanía)*. **1-2.** Arbúcies, Barbens *(manzana)*, Puigcerdà *(caballo)*, Tremp *(membrillo)*. **2.** Bagà, Olost, Santa Coloma de Queralt *(azafrán)*, Vilaller *(ganadera)*. **3.** La Pobla de Lillet. **8-9.** Bellpuig, Salàs de Pallars, Santa Coloma de Farners *(ratafia)*, Sort *(oveja" xisqueta")*, Súria *(oficios)*, Vilanova i la Geltrú, Vilanova de Meià *(perdiz)*, Vila-rodona *(multisectorial, desde 1393)*. **9.** Mieres *(intercambio)*. **15-16.** Banyoles *(ganado)*, Maials *(aceite)*, Odèn *(patata y sal)*, Sant Julià de Vilatorta *(cerámica)*, Talarn. **16.** Salàs de Pallars. **22-23.** Manresa, Santa Bàrbara *(aceite y cítricos)*. **23.** Santa Eulàlia de Riuprimer *(seta "fredolic" y butifarra)*. **25.** Arbeca. **29-30.** Barcelona *(Navidad)*, Cabanes, Constantí *(aceite)*, Falset, Juncosa *(aceite)*, Organyà *(maquinaria, ganado)*, Torroella de Montgrí *(ganadera, desde 1393)*, Vallgorguina *(bosque y campesinado)*. **Catalunya Nord. 29 (hasta 6 de enero)**. Perpinyà *(Navidad)*. **30.** Prada *(pato y avícola)*.

DICIEMBRE. 1-21. Barcelona *(Navidad)*. **4.** Agramunt. **6.** Mallol. **6-7.** Canyelles *(Navidad)*, Cervià de les Garrigues *(aceite y azafrán)*, la Fatarella *(aceite)*, la Llacuna *(embutido)*, Llinars del Vallès *(turrones)*, Ribes de Freser *(montaña)*, Santes Creus *(Navidad)*, Vic, Vilafranca del Penedès *(gallo)*. **6-8.** Porqueres, Premià de Dalt *(Navidad)*, Prullans. **7.** Belianes *(aceite)*, Les, Vilatenim *(campesinado)*. **8.** Camprodón, l'Espluga Calba, Gironella, Os de Balaguer, la Pobla de Segur, Sant Boi de Llobregat, Sarral *(agrícola, industrial, artesanía)*, Solsona *(tió)*. **12.** Balaguer. **13.** Gelida *(artesanía)*, Guissona. **13-14.** Banyoles *(Navidad)*, Centelles *(trufa)*, Cervera *(Navidad)*, les Franqueses del Vallès, Montornès del Vallès *(Navidad)*, Navès *(Navidad)*, Pineda de Mar *(Navidad)*, Platja d'Aro *(Navidad)*, Prats de Lluçanès *(agrícola-ganadera)*, Sallent, Sant Celoni *(Navidad)*, Sant Quirze del Vallès *(Navidad)*, Sant Vicenç de Torelló *(Navidad)*. **14.** L'Arboç *(Navidad)*, Vilamitjana *(Navidad)*. **21.** Amposta, Blanes. **20-21.** Alella *(Navidad)*, el Prat de Llobregat *(avícola)*, Sant Guim de Freixenet *(Navidad)*. **Andorra. 6-7.** La Massana.